13 Years of Service

My Personal Collection of Military Bizarreness

Deutsche Ausgabe

13 YEARS OF SERVICE

PER MATTHIAS GRIEBLER

13 YEARS OF SERVICE

PER MATTHIAS GRIEBLER

Per Matthias Griebler

13 Years of Service

My Personal Collection of Military Bizarreness

Deutsche Ausgabe

Deutschland 2014

Impressum

Griebler, Per Matthias:

13 Years of Service
My Personal Collection of Military Bizarreness (Deutsche Ausgabe)
Deutschland im April 2014

Alle Rechte vorbehalten. Nachdruck, auch nur auszugsweise, nur mit ausdrücklicher Genehmigung des Autors gestattet.
Copyright © 2014 Per Matthias Griebler
E-Mail: per_griebler@web.de
Homepage: www.per-matthias-griebler.com

Idee & Text: Per Matthias Griebler
Editing: Stefanie Busch, Busch_Stefanie@hotmail.com
Cover Idee & Umsetzung: Mindy Lowry, info@floc.us, www.floc.us
Autorenbild Innen/Außen: SUPER FOTO Chemnitz, Deutschland
Layout: Jasmin Cierzo, jasmin_cierzo@yahoo.de
Abbildungen: privat / Per Matthias Griebler

Die Deutsche Nationalbibliothek verzeichnet diese Publikation in der Deutschen Nationalbibliografie; detaillierte bibliografische Daten sind im Internet über http://dnb.dnb.de abrufbar.

Deutsche Erstausgabe
CreateSpace Independent Publishing Platform
Distributor: CreateSpace
ISBN-13: 978-1494990091

13 YEARS OF SERVICE

PER MATTHIAS GRIEBLER

Lieber Leser, liebe Leserin, Kamerad,

das was du hier gerade in den Händen hältst, ist eine Sammlung von Kurzgeschichten, deren Idee einer Veröffentlichung bis zurück ins Jahr 2008 reicht: Eine Sammlung all dieser lustigen, stumpfen und teils auch abstrusen Momente, die jedem Soldaten im Laufe seiner Dienstzeit in Form von Geschehnissen oder gar Personen mindestens schon einmal begegnet sind.

In der Reserve angekommen, dachte ich mir, dass es nun an der Zeit wäre, all diese persönlichen Erfahrungen und Erlebnisse endlich zu teilen. Und nicht nur das: Vielmehr wollte ich mit diesem Buch auch etwas zurückgeben. Aus diesem Grund habe ich mich dazu entschlossen, 80% meines persönlichen Verdienstes an verschiedene Hilfsorganisationen zu spenden. Denn auch wenn in Deutschland der mehr im US-sprachigen Raum bekannte Begriff Veteran nicht ganz so verbreitet ist, auch die Bundeswehr hat sie: Männer und Frauen, deren Einsatzerfahrungen vor allem im Hinblick auf die Ausbildung unserer jüngeren Kameraden unersetzlich sind.

Wo immer du also gerade bist, im Einsatz, auf dem Übungsplatz, oder schlichtweg bloß irgendwo eine Pause genießt, nimm dir irgendeine Geschichte vor und vielleicht zaubert sie ein Lächeln auf deine Lippen – denn genau dafür habe ich dieses Buch geschrieben.

Dein,

Per M. Griebler, Hauptfeldwebel d.R.

Gewidmet

all den tapferen Männern und Frauen

der Teilstreitkräfte der Deutschen Bundeswehr,

den Truppen der Vereinigten Staaten von Amerika,

und ihren Verbündeten.

Gott schütze die Streitkräfte und ihre Familien.

Inhalt

Teil I
Die Amüsanten

Teil II
Die Sonderbaren

Teil III
Die leicht Anzüglichen

Teil I

Die Amüsanten

13 YEARS OF SERVICE

PER MATTHIAS GRIEBLER

"To know that we know what we know, and that we do not know what we do not know, that is true knowledge."
(Confucius)

"Zu wissen, dass wir wissen, was wir wissen und dass wir nicht wissen, was wir nicht wissen, das ist wahres Wissen."
(Konfuzius)

Polizeioberkommissar Ulrich Suhr, Chief of CSI-Section und Chief of Specialized Investigation Squad, verschiedene Einsätze über einen Zeitraum von vier Jahren mit den Vereinten Nationen und der Europäischen Union, aktuell 32 Dienstjahre und fortlaufend.

01 - Nicht fragen, nichts sagen ...

Ich denke, es war in meinem vierten Monat in der Bundeswehr, als ich das erste Mal als Wachsoldat eingeteilt wurde. Ich war jung, gerade mal 19 Jahre alt, und hatte soeben meine Allgemeine Grundausbildung (AGA) beendet. Ich weiß nicht mehr genau, wer die anderen Soldaten waren, die an diesem Tag ihren Dienst mit mir verrichteten, aber an die Kameraden aus meiner Kompanie erinnere ich mich: Sebastian, ein ziemlich verwirrter Hauptgefreiter, der sich meistens wie ein Roboter bewegte und auch nicht selten so sprach – vor allem wenn er nervös war, und das war er ziemlich häufig – und Steve, zu dem Zeitpunkt noch Obergefreiter, unser in einer Diskothek offiziell gewählter *"Mister Westerwald 1999"*, ein Kerl mit lederbrauner Haut, blondierter Fönfrisur und dem sonnigen Lächeln eines Schokoladenosterhäschens, welches die Frauen gleich reihenweise in Ohnmacht fallen ließ. Wir alle drei waren zu diesem Zeitpunkt der 2. Kompanie des Panzergrenadierbataillons 342 (kurz 2./342) in Koblenz angegliedert und wie Sebastian und Steve war auch ich seit kurzem Unteroffiziersanwärter und hatte mich gerade auf vier Jahre freiwillig verpflichtet. Aber zurück zum Bataillon, nach Koblenz und zur eigentlichen Geschichte.

Der Wachhabende dieser 24-Stunden Schicht war der Unteroffizier Papkalla. Ein für seinen Rang bereits ziemlich alt aussehender Kerl, mit konservativen Ansichten und polnischen Wurzeln – wobei ihm letztere Tatsache zudem noch einen äußerst einmaligen Akzent bescherte.

Während dieser Nacht war es Steves und meine Aufgabe das Objekt zu bestreifen. Das heißt: Alle zwei Stunden hatten wir für etwa zwei Stunden eine Kasernenrunde zu laufen. Ich denke, es war kurz vor zwei in der Nacht, als Sebastian mal wieder in unseren Bereitschaftsraum kam, um uns für die dritte Runde zu wecken.

"Zehn Minuten noch, Männer!", rief er durch die halboffene Tür und knipste das Licht an.

Zehn Minuten noch – alles klar. Also sprang ich aus dem Bett, schlüpfte in meine Stiefel und begann mich auch ansonsten rasch fertig zu machen. Steve hingegen war gar nicht so der Früh-, beziehungsweise Schnellaufsteher. Er war eher so etwas wie eine kleine Prinzessin, wenn es um das Thema Schlafen ging. Und als ich ihm sagte, dass das ja unser Job sei und wir ihn selbst bei unserer freiwilligen Truppwerbung gewählt hatten, wurde er bloß noch ärgerlicher. Und nun richtete sich sein Ärger sogar gegen mich. Mit wütender Miene schritt er schnell auf mich zu und stoppte mit seinem Gesicht nur wenige Zentimeter vor dem meinen. Ich muss dazu sagen, dass wir bereits zu diesem Zeitpunkt echt gute Kameraden, wenn nicht sogar Freunde waren und es auch heute immer noch sind. Steve ist wie ich jetzt Hauptfeldwebel und ein wirklich guter Soldat, aber ich bin mir sicher, dass er mit dem Frühaufstehen immer noch so seine Problemchen hat.

Doch zurück zur aktuellen Situtation. Für einen kurzen Moment war es absolut still im Raum. Wir standen einfach da und grinsten. Dann schnellte die Tür erneut auf. Papkalla. Aber wie soetwas erklären? Zwei junge Soldaten, Nase an Nase, sich gegenseitig blöd angrinsend und einer davon (Steve) dazu noch mit halb runter gelassener Hose. Verdammt.

"Umm, okay … Jungs … Noch zehn Minuten. Dann müsst ihr euch aber wirklich raus machen …", war alles was Papkalla noch irgendwie hervorbrachte, bevor er die Tür schnell wieder hinter sich schloss.

"Oh, super", ginge es uns durch den Kopf. "Das heißt wohl dann, wir sind jetzt offiziel schwul!"

Aber das war noch nicht alles. Zwei oder drei Monate später, Steve und Sebastian waren bereits auf der Unteroffiziersschule in Weiden/Oberpfalz für ihren Führerlehrgang Teil I, und ich arbeitete aktuell mit einer neuen Grundausbildung – als eingesetzter Hilfsausbilder in Vorbereitung auf meinen eigenen Lehrgang – als Papkalla mich an einem Freitag fragte, ob ich ihn mit runter ins Tal zum Bahnhof nehmen könnte.

"Kein Problem", antwortete ich.

Also kletterte er in meinen Jeep und ich gab Gas. Der Bahnhof war nur etwa zehn Minuten Fahrt entfernt, aber mit dem Bus dauerte es nahezu ewig. Papkallas Auto war angeblich in der Werkstatt und für mich war es ja kein Umweg. Jedoch sollte ich noch erwähnen, dass die Alte Heerstraße, die von der Kaserne den Berg runter zur Stadt führt, schon damals, wie auch noch heute, ein einziges Schlagloch darstellte. Und so war es nur eine Frage von Sekunden bis schwungvoll mein Handschuhfach aufsprang und sich der gesamte Inhalt über Papkallas Stiefel entleerte. Darunter auch ein ganz bestimmtes Bild.

Ein paar Wochen zuvor, Steve und ich waren irgendwo in seinem alten Jagdrevier im Westerwald was trinken, erzählte er mir, dass es doch ganz nett wäre, eine feste Freundin zu haben und fragte mich, ob meine derzeitige nicht irgendeine vorzeigbare beste Freundin habe. Eine, die ihn vielleicht gut finden würde.

"Klar, warum nicht ...", antwortete ich ihm. "Wir könnten dann auch mal was zu viert machen."

Ich fragte ihn also nach einem Foto, eines das meine Freundin widerrum ihren Freundinnen zur ersten Sympathieprüfung zeigen konnte und vor allem, damit die Situation nicht auf ein völliges Blind-Date hinauslief. Nun ja, ich kriegte auch eines. Aber was für eines. Der junge Sting in Feinripp-Unterwäsche war ein Scheiß dagegen: Steve, mit frisch blondierten Haaren, bloß ein kleines enges Muskelshirt am Leib und süffisant grinsend, so als wäre er gerade einem homoerotischen, feuchten Traum entsprungen. Definitiv nichts, was man einem Mädchen zeigen sollte. Zumindest keiner, die man noch nicht kannte. Also doch lieber Blind-Date, hatte ich dann damals gedacht und das Foto in mein Handschuhfach verbannt. Bis dato eben.

Papkalla betrachtete still das Bild. Dann sah er zu mir. Dann wieder auf das Bild. Die restliche Dauer der Fahrt über herrschte nun eine eigenartige Stille im Fahrzeug. Auch noch als wir dann am Bahnhof ankammen. Wie in einem Stummfilm öffnete er die Tür und stieg aus. Plötzlich jedoch beugte er sich dann doch noch einmal ins Fahrzeuginnere hinein und sagte mit ruhiger, ja fast verständnisvoller Stimme:

"Keine Angst, Soldat. In ein paar Monaten ist er ja zurück und er wird schon wissen, was er an dir hat. Sei stark." Dann ging er.

Wir haben nie mehr auch nur ein einziges Wort über diesen Tag und diese Situtation verloren. Weder untereinander, noch er zu anderen. Ein halbes Jahr später schied Papkalla dann aus. Seine vierjährige Dienstzeit war vorbei und er wollte sich etwas im zivilen Bereich suchen. Steve, Sebastian und auch ich waren auf seiner Abschiedsfeier, aber auch hier lenkte er kein einziges seiner Worte auch nur im Entferntesten auf dieses Thema. Als er dann ging, gab er mir bloß die Hand, drückte sie fest, und sagte:

"Viel Glück und Erfolg auf der Unteroffiziersschule nächsten Monat. Sie schaffen das, Griebler. Ich hab da keine Zweifel! Und", er räusperte sich, "Steve hat es ja auch geschafft."

Nun ja. Ich hab nie versucht irgendetwas zu erklären. Warum auch. Aber kann man das glauben? Ich bin mir sicher, wenn er heute im Kreise seiner Familie, seiner Kinder, über seine Zeit bei der Bundeswehr erzählt, dann kommt auch sicher irgendwann immer wieder diese lustige Geschichte über seine zwei schwulen Kameraden auf den Tisch. Die, die sich während seiner Schicht als junge Gefreite ineinander verliebten und zusammen ein so glückliches Paar abgaben.

Putzig – absolut!

"There is nothing more exhilarating than to be shot at without result."
(Winston Churchill)

"Eine der fröhlichsten Erfahrungen des Lebens ist, als Zielscheibe zu dienen, ohne dabei getroffen zu werden."
(Winston Churchill)

Oberstleutnant Peter Drake Jackson, United States Army Militärpolizei von 1989 – 2013, Einsätze nach Ex-Jugoslawien im Rahmen der UNPROFOR von Januar – Juli 1995, Bosnien (IFOR/SFOR) von Juli 1996 – März 1997, Korea von Juli 2003 – Juli 2004, Irak im Rahmen der Operation Iraqi Freedom (OIF) von September 2008 – Januar 2010.

02 - Maximaler Körpereinsatz

Als für mich feststand, dass ich länger dienen und mich nicht bloß für die ursprünglichen zwei Jahre für die ich bereits unterschrieben hatte, verpflichten wollte, lieh mich mein Spieß, zum Sammeln von weiteren Erfahrungen, an eine andere Kompanie innerhalb des Bataillons aus.

Zwar wäre ich viel lieber mit meiner eigentlichen Kompanie in den damals anstehenden 1. Kosovo-Einsatz gegangen, doch damals, im Sommer 1999, lautete der Wahlspruch des Bataillons immer noch: Ausbildung geht vor Einsatz, und so führte mich mein Weg, nach zwei weiteren Monaten als Hilfsausbilder in der 2./342, schließlich in die 5./342, den Block schräg rechts gegenüber.

Die 5. arbeitete völlig anders als die 2. Dennoch fand ich meinen Rhythmus. Aber nach weiteren zwei ruhigen Monaten als Hilfsausbilder einer neuen allgemeinen Grundausbildung sollte es mir nun selbst ans Leder gehen. Gemeinsam mit sechs anderen Anwärtern des Bataillons beschloss man, uns fit für den Lehrgang in Weiden machen zu wollen. Über den dortigen knapp vier Monate andauernden Unteroffizierslehrgang Teil 1 kursierten ja auch so schon mehr als genug Gerüchte. Angebliche Eingangstests, an denen 50% direkt wieder gehen durften, andauernde Nachtalarme, Trainingszustände, wie an einer Sportakademie und natürlich nicht zu vergessen – nur leicht verständliche Befehlsgebung durch bayerische Muttersprachler.

In Vorbereitung auf diesen Lehrgang begann man uns also unentwegt anzuschreien, zu beleidigen und sämtliche Wege ab sofort nur noch im Laufschritt durchzuführen. Darüber hinaus habe ich in den drei Wochen in denen das Spektakel andauerte, jeden einzelnen Quadratmeter des Übungsplatzes und seiner näheren oder weiteren Umgebung gleich mal doppelt vermessen. Morgens Abfisten (nein, nicht das! Hier ist vielmehr eine besondere Art des überflüssigen Drills gemeint), abends Orientierungsmärsche. Und auch wenn ich es damals gehasst habe und die zwei Stabsunteroffiziere, die das ganze durchgeführt haben, gleich mehrfach umbringen wollte – heute muss ich sagen, es war eine geniale Zeit und hat mir viel gebracht. Vor allem das Training mit der Waffenkiste, einer etwa 1,20m x 80cm x 80cm großen Holztransportbox war legendär. Erst warf man sämtliche Handfeuerwaffen, natürlich bis hin zum Verschluss zerlegt, hinein und dann den Soldaten selbst – mit voller Ausrüstung und unter ABC-Schutz. Und wenn es nicht passte, trat man halt ein wenig nach. Wenigstens war es ja immer bloß einer von uns pro Kiste. Dann wurde diese verschlossen, ein Poncho darüber gehängt und in die Mittagssonne gestellt. Raus durfte man erst wieder, wenn alle Waffen voll funktionsfähig zusammengesetzt waren. Und das war gar nicht so einfach, vor allem wenn man erst mittendrin herausfand, dass das Maschinengewehr MG3 zusammengesetzt genauso lang war, wie der Innenraum der Kiste selbst. Ja, ich hasste die drei Wochen. Aber schließlich war es vorbei und nun durften vier von uns anfänglich noch sieben endlich auf den Lehrgang.

Fernmelder, Pioniere, Artilleriesten, Panzermänner – wirklich jede Truppengattung war hier vertreten und jeder einzelne von ihnen wollte Unteroffizier werden. Aber vor allem erinnere ich mich an einen. Ubl: der Hauptgefreite Ubl, ein Ur-Bayer sozusagen, oder vielleicht wirkte er auf mich mit seinem Bart und seinem zweisilbigem Wortschatz auch bloß wie einer. Zwar war er in meinem Hörsaal, aber wirklich viel zu tun hatte ich mit ihm nie und auch von denen, die mit mir in der Gruppe waren, sprach keiner mit ihm jemals mehr als fünf

Worte – und das über die Dauer des gesamten Lehrgangs hinweg.

Ich denke, es war in der 12ten oder der 15ten Woche, definitiv ziemlich am Ende des Lehrgangs, als wir von einem viertägigen Orientierungsmarsch mit Stationshindernissen wie Abseilen am Staudamm, Gewässerüberquerung, Verlegung per Hubschrauber und anderen Leckerchen zurück kamen und das Nachreinigen unserer persönlichen Ausrüstung und vor allem der Waffen anstand.

Zur Erklärung für die Ungedienten sieht, beziehungsweise sah, das in der Bundeswehr damals folgendermaßen aus: Eine lange Reihe aus Stühlen, ausgerichtet mit der Sitzfläche in Richtung Gang und die Soldaten einzeln dahinter stehend mit dem Rücken zur Wand. Die jeweiligen zu reinigenden Waffenteile lagen dazu in einer Holzschublade auf dem Stuhl und das persönliche Reinigungsgerät vor den Stiefeln des Soldaten auf dem Boden – alles fein säuberlich aufgereiht über den gesamten Kellergang. Da Ubl für sein junges Alter wirklich schon von beeindruckender körperlicher Statur war, hatte er das Maschinengewehr bekommen. Kaum zu glauben, dass er mal Gebirgsjäger werden sollte. Man konnte sich hier ernsthaft fragen, wer hier später wen den Berg rauftrug. Das arme Muli ihn oder eher er das Muli.

Das Maschinengewehr, wie auch unsere anderen Waffen, standen nur so vor Dreck nach den vier Tagen und so begann Ubl nach einer groben ersten Überreinigung mit konventionellen Mitteln, für den nächsten Durchgang und dem Lösen von Verkrustungen, vor allem für die am Rückstoßverstärker und der Rohrführungshülse, seinen Leatherman zur Hilfe zu nehmen. Ein großer Fehler, den ich aber erst als solchen wahrnahm, als uns der das Waffenreinigen beaufsichtigende Feldwebel eine kurze Pause genehmigte. Denn als ich an Ubl vorbei ging, um mal kurz oben auf der Toilette Betriebsstoffe abzulassen, fiel mir ein kleiner, weder zur Waffe noch zum Reinigungsgerät gehörender Gegenstand auf, der unweit links am Boden neben ihm lag. Ich hielt kurz inne und warf einen zweiten Blick darauf.

"Sag mal Ubl", fragte ich dann leicht irritiert, "ist das da dein Daumen?"
Kein Scherz. Dieser stoische Bergmensch hatte sich mit seinem Leatherman wirklich die Daumenkuppe abgeschnitten. Und er hatte es noch nicht einmal gemerkt!

"Ubl!", rief ich erneut und starrte auf seine blutüberströmte Hand. "Der Daumen! Ist das deiner?" Und mit dem Stiefel stieß ich das betreffende Körperteil ein Stück in Ubls Richtung.

"Mein Daumen!", schrie Ubl jetzt mit einem Mal lautstark – und nicht nur er, auch ein paar der anderen Jungs im Keller fingen nun an zu schreien. Einige vor Angst und weil sie wohl kein Blut sehen konnten, andere widerrum, weil sie das Ganze einfach nur köstlich amüsierte. Aber wie auch immer, nun brauchte es nur noch Sekunden, bis dann auch der Feldwebel die Sache mitbekam und sofort das angegliederte Standortsanitätszentrum benachrichtigte. Minuten später war Ubl bereits auf dem Weg in das etwa 30km entfernte Zivilkrankenhaus in Hof. Doch es stimmt schon ein wenig, was man in der Truppe so über die Bundeswehr-Sanitäter zu sagen pflegt:

"Männer! Stellt euch tot! Die Sannis kommen!" Oder noch besser: "Lieber dem Feind in die Arme fallen, als in die eines deutschen Sanitäters!" Klingt beides bitter, ist aber irgendwo wahr.

Der SanTrupp erreichte das Krankenhaus knapp 30 Minuten später. Und Überraschung, den Daumen hatten sie im Keller vergessen. Doch nicht nur das, mittlerweile war er sogar zusammen mit den öligen Lappen, Papiertüchern und

Reinigungsdochten im Müll entsorgt worden. Naja, nach gemeinsamer Suche fanden wir ihn schließlich wieder und führten das gute Stück dann zu seinem Besitzer nach. Zugegeben, als er dann letztendlich wieder angenäht war, sah er ncht mehr ganz so frisch aus, aber die Ärzte sagten, das sei nur eine Frage der Zeit – und von viel Creme. Wahr war, jedesmal wenn wir Ubl in den verbleibenden Wochen zusammen mit einem MG oder seinem Leatherman sahen, prusteten wir einfach nur so los vor Lachen.

Und mal ganz ehrlich. Ich will einfach nur hoffen, dass er niemals in die Verlegenheit kam, während seiner weiteren Dienstzeit mal eine Machete in die Hände zu nehmen.

"Everything happens for a reason, it is what it is."

"Alles geschieht aus einem ganz bestimmten Grund, es ist, was es ist."

Feldwebel (w) Elizabeth Grant, United States Army vom September 1998 – November 2009, ein Auslandseinsatz in den Irak im Rahmen der Operation Iraqi Freedom (OIF) von 2008 – 2009.

03 - Déjà vú

Es war eines dieser langweiligen UvD-Wochenenden: langweilig und auch ein wenig deprimierend. Vor allem da dieser schwülwarme Sonntag Spätnachmittag viel mehr zu Bier, Babes und BBQ einlud, als ihn in einem schäbigen kleinen Raum, gefangen hinter einer Glasscheibe mit Aussicht auf das Treppenhaus, zu verbringen. Und das Abstreichen von Rekrutennamen auf der Vollzähligkeitsliste trug auch nicht wirklich zur persönlichen Erheiterung bei. Aber Dienst ist Dienst.

Es war kurz vor Zehn am Abend, als dann mal wieder die Türklingel schellte. Und als ich öffnete, stand ein kleiner, schüchtern dreinblickender Soldat davor.

"Herr Unteroffizier." Er ging in Grundstellung und grüßte. Und sollte ich es noch nicht erwähnt haben, damals, im Jahr 2000 wurde auch noch brav gegrüßt – ab Unteroffizier aufwärts.

"Panzergrenadier May", fuhr er dann im nächsten Atemzug fort und zeigte auf meine Liste. "Stube 224."

"In Ordnung, Soldat." Ich zückte meinen Kugelschreiber. "Noch zehn Minuten bis zum Zapfenstreich. Stubenkontrolle um Mitternacht."

"Jawoll, Herr Unteroffizier." Der Soldat drückte sich an mir vorbei und lief das Treppenhaus hinauf.

Ich schloss wieder ab und setzte mich zurück in meinen Glasverschlag. Zurück zu meinem nicht existierenden Buch und dem nicht existierenden Fernseher. Ich blickte auf meine Liste. Viele fehlten nicht mehr. Die Erinnerung an meine eigene Allgemeine Grundausbildung kam mal wieder hoch und der Gedanke, wie sehr ich es doch gehasst hatte. Als Nichtraucher mit sieben Rauchern auf einer Stube zu sein, das Schnarchen, die stickige Luft – das alles hatte mich viel mehr belastet, als die Ausbildung selbst. Die Türklingel schellte ein weiters Mal. 'Was zur Hölle?' Der Panzergrenadier May – schon wieder. 'Unmöglich', ich kratzte mir übers Kinn, 'anscheinend sitz' ich schon viel zu lange in dem Loch.'

"Name?" Ich griff nach meiner Liste.

"Panzergrenadier May. Stube 224, Herr Unteroffizier!", antwortete der Kerl dann auch noch wirklich.

"Wollen Sie mich verarschen?"

"Absolut nicht. Und es tut mir leid, Herr Unteroffizier", fuhr der Soldat kleinlaut fort. "Aber ich bin aus dem Fenster gefallen ..."

"Sie sind bitte was, Soldat?" Stift und Liste bei Seite legend sah ich ihn ungläubig an.

"Ich bin aus dem ..."

"Ruhe!", unterbrach ich ihn. "Das will ich sehen!"
Mit May im Schlepptau erreichte ich seine Stube im zweiten Obergeschoss. Die anderen sieben Soldaten waren bereits anwesend und starrten allesamt durch die zwei geöffneten Fenster hindurch nach draußen ins Dunkel.

"Meine Herren?" Ich räusperte mich.

"Aaachtung!" Die gesamte Truppe schnellte herum und ging in Grundstellung.

"Rühren", murmelte ich, die Erleichterung in ihren Augen sehend, als sie den bei mir befindlichen Kameraden May wahrnahmen.

Ich holte tief Luft.

"Weitermachen. Und May", ich gab ihm einen Schubs in Richtung seiner Kameraden. "Hochbetten sind eine feine Sache – vorausgesetzt sie stehen nicht zu nah am offenen Fenster und man nimmt sie mit weniger Schwung. Alles klar?" Dann ging ich. Und glücklicherweise tauchte May auch kein drittes Mal bei mir auf.

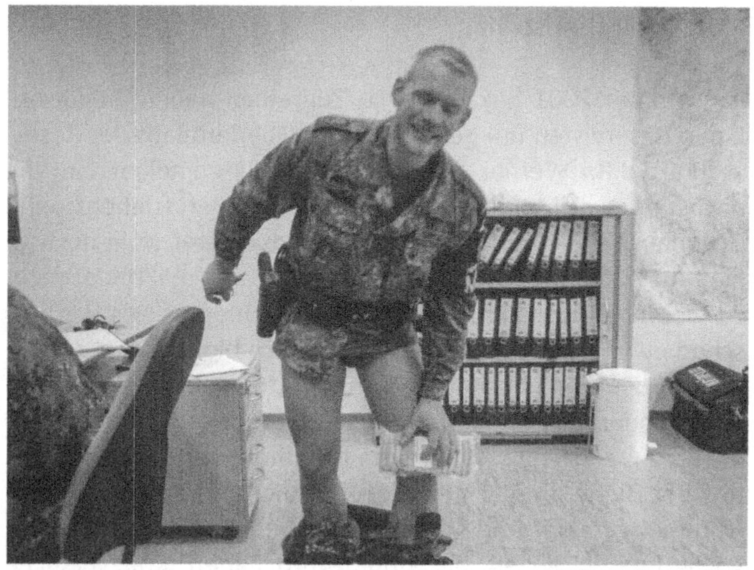

Der Beweis, dass man immer und überall bereit sein muss zu improvisieren: Wenn man sich mal wieder an einem der Rollschubfächer das Knie gestoßen hat, kann auch schon mal eine Packung tiefgefrorene Nürnberger als Kühlpäckchen herhalten.

"Soldier, you are moving like pond water!"

"Soldat, du bewegst dich wie Teichwasser!"

Major (w) Lisa Gasque, United States Army Militärpolizei,
4 Auslandseinsätze in den Irak im Rahmen der Operation Iraqi
Freedom (OIF), aktuell knapp 22 Dienstjahre und fortlaufend.

04 - Voll Dienstfähig

Im Sommer 2001 bekam der 1. Zug einen neuen Zugführer. Einen Reservisten um genau zu sein. Oberleutnant der Reserve (kurz d.R.) Werner hatte sich freiwillig gemeldet, um die nächsten zwei Monate, außerhalb seines Berufslebens, eine Grundausbildung zu führen. Zudem brauchte er wohl noch so eine Art Zugführerbewertung um irgendwann mal Hauptmann zu werden. Und kaum war er da, da schien es, als wäre er schon ewig dagewesen. Ich erinnere mich bloß an den wagenradgroßen Aschenbecher, den er zum Übergabegespräch dem scheidenden Zugführer kalt grinsend auf den Tisch donnerte. Bis dato war das ein von diesem vehement verteidigtes Nichtraucher-Dienstzimmer gewesen. Ja, dieser Werner war eine Nummer für sich und vor allem war er auch der Erste, der völlig immun gegen die ununterbrochenen Kratzversuche unseres Zug-Maskottchens zu sein schien — nicht umsonst wurde unser Jung-Feldwebel von uns allen bloß liebevoll "Kordhosen-Arnold" genannt. Neben ihm und mir selbst bestand die Riege der Unterführer im Zug ansonsten dann noch aus dem kleinen Fahnenjunker Recnik (ein kluger, aber äußerst introvertierter 19-jähriger Milchbubi mit den sanften Gesichtszügen eines asiatischen Bill Gates — frisch vom Lehrgang der OSH in Dresden), weiter dem Oberfeldwebel Welsch, ein altgedienter Haudrauf, und für die letzten verbleibenden Wochen seiner Dienstzeit, der Stabsunteroffizier T. Meyers.

Nach zwei Wochen gab dieser dann auch schon seine Abschiedsparty, welche er standesgemäß in den örtlichen Soldatenbums verlegte und natürlich all die einlud, die mit ihm die letzten Jahre gemeinsam bestritten hatten. Also auch mich. Da das ganze an einem Montag stattfand und ich am nächsten Tag regulär Dienst hatte, sprach ich beim Oberleutnant vor.

"Solange du noch in der Lage bist morgen früh den Zug zu wecken, bekomme ich bei der Sache kein Bauchweh", antwortete der bloß grinsend. "Ich brauch dich morgen nicht. Vielleicht könntest du aber den Tag über die Vollzähligkeit in den Zugkellern durchführen?"

"Das sollte ich wohl hinkriegen, Herr Oberleutnant", grinste ich zurück. "Danke sehr!" Was das anging, war der neue Zugführer ebenfalls sehr umgänglich. Und nicht nur, weil er selbst auch mal gern das ein oder andere Bierchen trank. Sein Motto war schlichtweg: "Dienst ist Dienst und Schnaps ist Schnaps. Und wenn sich beides mal mischt ist auch nicht so schlimm – Hauptsache der Dienst wird dadurch nicht beeinträchtigt." Nun stand also nichts mehr zwischen mir und Meyers kleiner Party, und was die ausgesuchte Bar anging: die Musik war laut, die Mädels billig (das muss man jetzt einfach mal so sagen) und das Bananenweizen floß in Strömen. Keine Ahnung, wie ich das eklige Zeug damals auch nur halbwegs ohne zu Brechen runter kriegen konnte.

Kurz vor Mitternacht, und vielleicht sechs, sechseinhalb Liter Bier und ein paar Kurze – Jägermeister, Feiglinge und andere Widerlichkeiten – später, verabschiedete ich mich dann aus der geselligen Runde. Schließlich galt es um Fünf den Zug zu wecken und ich wollte dazu wenigstens halbwegs okay aussehen. Doch es sollte anders kommen.

Die Kaserne war knapp fünf Kilometer entfernt, die letzten eineinhalb führten steil die Horchheimer Höhe hinauf. Ich entschied mich zu laufen, was der erste Fehler war. Denn eine Sache sollte man noch über ich wissen. Ich habe die seltene Begabung dabei einzuschlafen, wenn ich betrunken bin. Und ich laufe weiter! Nach ein paar Blackouts also und einigen Kilometern später fand ich mich selbst in der Mitte einer Kuhweide wieder. Irgendwo fernab der Stadt. Zwar auch auf der Höhe, aber definitiv eben nicht da wo ich hinwollte. Allem anschein nach war ich irgendwie im Schlaftaumel falsch links abgebogen. Klar war das besser als in der Vergangenheit, wo ich auch schon mal mit dem Kopf gegen eine Laterne gerannt bin oder einfach in einem parkenden Auto einrastete, aber trotzdem. Mein Zeitplan war hin und um etwa Vier in der Früh wankte ich dann endlich durchs Haupttor.

"Immerhin noch 50 Minuten", dachte ich mir, und nachdem ich meine Uniform angezogen und den Handy-Wecker gestellt hatte, warf ich mich noch mal auf die Couch. Zweiter Fehler. Der Alarm ließ mich um kurz vor Fünf zwar wieder hochschrecken, aber jetzt fühlte ich mich noch erbärmlicher. Ich schleifte meinen Körper also auf den Flur raus und brüllte den Zug aus dem Schlaf. Für die nächste Viertelstunde durfte ich dann, im Halbdunkel des Ganges mit verschränkten Armen vor mich hinstehend, dem hektischen Treiben zwischen Stube, Waschraum und Toilette beiwohnen, was mein Schwindelgefühl leider nur noch verstärkte. Um 05:15 Uhr stand der Zug dann geschlossen Angetreten zum Morgenappell.

"Guten Morgen, 1. Zug!"

"Guten Morgen, Herr Unteroffizier!"

Gott war mein Schädel am Klingeln. Aber da musste ich durch. "Zur Vollzähligkeit ohne Dienstgrad!" Ich nahm mein Klemmbrett mit der aufgespannten Namensliste nach vorn und zückte meine Taschenlampe. Kein Witz, Antreten im Halbdunkeln gibt der Sache erst die richtige Atmosphäre.

"Albrecht?"

"Hier, Herr Unteroffizier!"

"Bertel?"

"Hier, Herr Unteroffizier!"

Ich überprüfte alle 24 Namen auf der Liste und ich bin mir sicher, dass auch jeder Einzelne von ihnen merkte, dass ich einen ziemlichen Kater hatte. Vor allem da ich bei jedem laut-starken "Hier, Herr Unteroffizier!" ein Gesicht zog, als würde mir gleich Hirnmasse aus der Nase und den Augen laufen.

"In Ordnung", ich wischte mir den Schweiß von der Stirn. "Dann jetzt das Ganze links um, zwei mal rechts schwenkt Marsch und vor dem Gebäude in Linie zu drei Gliedern, rechts der Straße mit Blickrichtung Kantinengebäude antreten. Fragen? Stelle fest keine. Marsch!"

Der Zug setzte sich in Bewegung. Und als zwei Drittel dann an mir vorbei waren, drehte ich mich ebenfalls, um ihnen zu folgen. Dritter Fehler. Ungebremst schlug mein Gesicht, und vor allem meine Nase, in der mit einem Schwingflügel noch geschlossenen, gläsernen Feuertür ein. Vom Zug keine Reaktion. Nur der letzte Soldat in der Reihe stoppte kurz. Aber das gehörte zum Protokoll. Kurz in Grundstellung gehend melde-tete er mir:

"Zug durch, Herr Unteroffizier!" Dann folgte er seinen Kameraden. Ja, mich wieder aufraffend, wischte ich mir das Blut aus der Nase. Das war definitiv nicht mein Tag. Dem Zug nach draußen folgend erteilte ich ihnen ihre Frühstückszeit. 20 Minuten ab jetzt. Dann sickerten sie Rottenweise über die Straße hinweg in das Kantinengebäude ein.

"Zug durch, Herr Unteroffizier!"

"Ja, danke." Ich grüßte zurück. Mein Schädel fühlte sich an, als hätte ich vier davon auf.

"Hussel!" Ich schritt, oder besser gesagt stolperte, auf ein gerade vor dem Gebäude einparkendes Auto zu. Hussel, einer der Unteroffiziere des 3. Zuges.

"Sag mal, kannst du mir einen Gefallen tun?"

"Deinen Zug gleich vom Essen abholen?" Er grinste amü-siert. "Alter, siehst du scheiße aus. Meyers Abschiedsparty, was?" Er sah auf seine Uhr. "20 Minuten, ja? Kein Ding."

'Problem gelöst', dachte ich zu mir selbst und generierte vor meinem geistigen Auge bereits einen großen Pott Kaffee. Doch gerade im Zugbüro angekommen und die Kaffemaschine ansteuernd, watschelte beschwingt der Oberleutnant herein.

"Guten Morgen, Schätzchen!", zwitscherte er in seiner unverwechselbaren Art von Humor. "Rauhe Nacht, was?" Er ließ sich auf seinen Drehstuhl fallen. "Also dann, Unteroffizier", er grinste, "komm in die Pötte. Ich brauch dich heute auf der Schießbahn. Mir ist eine Aufsicht ausgefallen."

"Ist das Ihr Ernst?" Mir klappte schlichtweg die Kinnlade runter.

"Absolut, Süßer. Du weißt doch", Werner rieb sich feixend die Hände, "wer abends fette Weiber stemmt, kann morgens große Haufen scheißen! 20 Minuten!"

"Jawoll, Herr Oberleutnant!"
Und so fand ich mich 30 Minuten später, im Zickzack hinter dem Zug her stolpernd, auf dem Waldweg in Richtung Schießbahn wieder. Nein, so hatte ich mir den Tagesablauf schon mal nicht vorgestellt. Mein erstes Ziel war nach der Ankunft erstmal die Wärmehütte und die weiche Tischplatte. 15 Minuten später war das aber auch dieses Nickerchen bereits wieder vorbei. Welsch stand neben mir.

"Komm hoch, Junge." Er zog mich nach oben. "Der Oberleutnant sagt, du hast genug gepennt. Er möchte, dass du die Waffen einschießt!"

"Ist der Mann völlig irre?" Ich schüttelte ungläubig den Kopf. Ich fühlte mich noch keinen Deut besser. Vielmehr so, als wäre ein kompletter Schulbus über mich hinweg gefahren. Als ich dann den Delta Schießstand erreichte, wartete Werner bereits mit einer MP2A1[1], dem Vorgänger der heute in der

---

[1] Maschinen-Pistole, Version 2A1

Truppe verwendeten Modelle MP5 und MP7, und zwei vollen Magazinen auf mich.

"25 Meter, Unteroffizier. Anschlag liegend freihändig. Du und das Mädchen!" Er zeigte rüber zu Recnik, der bereits auf der Bahn lag.

"Herrlich", murmelte ich. "Lassen Sie mich raten, wer abends fette Weiber stemmt, kann ..."

"Du hast es erfaßt, Schätzchen!", unterbrach Werner grinsend. "Und jetzt zeig unserer kleinen Offiziersmöse mal, dass ein echter deutscher Unteroffizier immer die 10 trifft!"

'Scherzkeks', dachte ich so bei mir und bis heute weiß ich auch wirklich immer noch nicht, wie ich das an diesem Morgen hinbekommen habe. Ich wusste noch nicht einmal mehr, wie ich die Maschinenpistole feuerbereit kriege. Und Recniks ängstliche Blicke in meine Richtung waren auch keine wirkliche Hilfe. Aber es stimmt schon – letztendlich ist alles bloß Gefechtsfeld-Automatismus. Und als ich schoß, ging jeder einzelne Treffer in die 10. Kein Scherz. Ein wenig selbstverliebt, einen aufkommenden Schwal Kotze schnell wieder hinunterschluckend, stand ich auf und drehte mich grinsend um.

Beide Magazine waren verschossen und Munition hatte ich auch keine mehr. Ich wusste das. Der Zug allerdings nicht. In der selben Sekunde, in der ich mich umdrehte, lagen alle 24 Mann am Boden.

"Sicherheit", murmelte ich zaghaft räuspernd, dabei den Lauf nach unten nehmend. Und Werner, der als Einziger noch stand und quietschvergnügt auf seinen Stiefelhacken wippte, rief bloß:

"Fein gemacht, Griebler-Schätzchen! Leg die Waffe dann bitte in Richtung Schießbahn ab. Und jetzt hol dir 'nen Kaffee. Ich brauch' dich als Aufsicht beim Schützen!"

Manchmal wünschte ich mir, dass mir in meiner Dienstzeit mehr Offiziere seines Schlages begegnet wären. Werner ist nun mittlerweile Hauptmann und ich bin mir sicher, dass er eines Tages auch einen ganz passablen Major abgeben wird!

"Experience: the most brutal of teachers. But you learn, my God do you learn."
(C.S. Lewis)

"Erfahrung: die brutalste aller Lehrerinnen. Aber du lernst, mein Gott, du lernst."
(C.S. Lewis)

Hauptmann (w) Melisa N. Hillabrandt, United States Army
Militärpolizei vom 31.Mai 2003 bis zum 31. Mai 2011,
ein Auslandseinsatz nach Afghanistan (Detainee OPS Mission),
Kandahar & Bagram Internment Facilities, im Jahr 2005.

05 - Tequila Sunrise

Mal ganz ehrlich, wer von meinen geschätzten Leserinnen und Lesern hat jemals das Haupttor einer Kaserne, kriechend auf den Knien passiert? Nun, ich habe das in meiner Dienstzeit genau zwei Mal getan. Und beide Male wurde ich dabei protokollgerecht gegrüßt. Mein erstes Mal war im Sommer 2000 und das Vorbeikriechen am Torposten bildete hier erst den Anfang der Geschichte.

Es war ein früher Sonntagmorgen und als junger, frisch beförderter Unteroffizier hatte ich mal wieder den Wochenend-UvD abgegriffen. 24 Stunden, von Sonntag um 06:00 Uhr bis Montag um 06:00 Uhr. Noch zwei Stunden bis Dienstbeginn also und somit noch genug Zeit für ein kleines Nickerchen.

Und bevor ihr mich jetzt verurteilt – nein, normalerweise war ich nicht dauernd betrunken, wenn ich Dienst hatte! Und mit der Kampftruppe hatte das auch nichts zu tun! Aber Erstens war Wochenende, und vor 15:00 Uhr würde eh niemand in der Kaserne auftauchen. Und Zweitens war der eigentliche Grund meines recht desolaten Zustands vielmehr der Besuch meines Cousins am Abend zuvor. Und den sah ich nicht wirklich oft. Vielleicht alle zwei, drei Jahre mal. Was in diesem Fall widerrum zu der Underground Party in der Koblenzer Altstadt und den 1 Mark Tequila Shots führte. Nicht zu viele, wenn ich micht recht erinnere, aber irgendwann zwischen 15 und 20 hab ich eh aufgehört zu zählen.

Als ich schließlich ins Gebäude stolperte saß nur der Gefreite vom Dienst (GvD) in seinem Glaskasten. Vom UvD, Stabsunteroffizier F., war nichts zu sehen.

"Guten Morgen, Herr Unteroffizier!", murmelte der Gefreite, dabei weiter in sein Arsch- und Titten-Magazin starrend, "Ganz schön früh dran, was?"

"Kopf zu ...", murmelte ich antwortend und schwer darauf bedacht, dabei nicht in den Flur zu kotzen. "Der UvD? Oben?", beantwortete ich dann meine Frage selbst und stolperte die Treppen in Richtung Uffz-Kapuff rauf. Selbiges war eine Art Fernseh-, Party- und Kaffeeraum, das im Dachgeschoss des Gebäudes lag und zu dem nur Dienstgrade ab Unteroffizier aufwärts Zutritt hatten.

Und wer die Geschichte 'Douche Bag' noch nicht gelesen hat, dem sollte an dieser Stelle noch schnell gesagt sein, dass der aktuelle UvD, Stabsunteroffizier F., ein wenig anders war – auch ein Grund, warum ich seinen Namen hier nicht ausschreibe.

Kaum im 4. Obergeschoss angekommen, hatte ich nach all den Stufen gleich schon wieder das traurige Gefühl, ich müsste mich übergeben. Und da hatte ich F. noch nicht einmal gesehen.

"Hi Griebi!", rief er in der gleichen Sekunde mit sanft heller Stimme aus Richtung der Couchgarnitur.

Ich starrte ihn an. Bequem hin oder her. Auch ich machte es mir beim Fernsehen gern gemütlich. Aber nur Boxershorts, Barret und die UvD-Armbinde – das war auch für mich ein bißchen schräg. Aber drauf geschissen, noch 100 Minuten. Zeit für mein Power-Nap. Und ohne ein weiteres unnötiges Wort fiel ich nach vorn auf den Teppich.

Um 05:30 Uhr trat mich ein Stiefel in die Seite.

"Griebi?" F.s quengelnde Stimme. "Bist du soweit? Ich will pünktlich los!"

"Was? Wie? Ach so, alles klar ..." Ich brachte mich zurück auf die Kniee. "Geht gleich los." Und mich vollends aufraffend stolperte ich leicht linkslastig die Treppe runter – ein Stockwerk tiefer, zu meiner Stube.

Eine halbe Stunde später traf mich ein zweites Mal etwas in die Seite. Diesmal ein Turnschuh – aber derselbe Träger.

"Was zum Teufel?" Aber ja, ich war schon wieder eingeschlafen. Diesmal in der Mitte meiner Stube, und jetzt ohne Kuschelteppich zum drauf sabbeln. Nur ein paar gebrauchte Stiefelsocken, die noch von meinem Kameraden Heidi herum lagen.

"Gib mir 'ne Minute ...", murmelte ich und verpasste mir selbst ein paar Ohrfeigen.

Genau fünf einzelne Minuten später stolperte ich dann endlich ins UvD-Zimmer. Ich sah zwar immer noch nicht toll aus und fühlen tat ich mich auch keinen Deut besser, aber immerhin hatte ich es in meine Unifrom geschafft – auch wenn ich mich mit dem Stiefel zu knoten offensichtlich einem ernsthaften Logikproblem ausgesetzt sah.

"Alles klar, hier bin ich." Ich griff nach dem Dienstbuch. "Wo ist mein GvD?"

"Hat gerade eben angerufen", antwortete F. "Er verspätet sich ein paar Minuten. Was meinen angeht", er sah auf die Uhr, "den hab ich gerade heimgeschickt."

"Was auch immer." Ich holte tief Luft. Da war es schon wieder, dieses Brechgefühl. "Irgendwas passiert die Nacht? Ich mein', außer deiner kleinen Privat-Party oben auf der Couch?"

"Nope." F. schüttelte den Kopf, während er mir fasziniert dabei zusah, wie ich auf allen Vieren knieend und mit der Nase fast die Buchseite berührend, ganz langsam, nahezu in Zeitlupe und Milimeter für Milimeter, mit dem Stift meine Unterschrift in das UvD-Dienstbuch hinein malte. Im Ernst, ich sah nicht das Geringste.

"Das ist der Moment, wo ich mich verabschiede!", hörte ich F. bloß noch von hinten rufen. Das Nächste was ich vernahm war dann die Gebäudetür, wie sie von außen her donnernd ins Schloss fiel. Und ich, ich fiel auch, diesmal auf den Rücken.

Als ich wieder wach wurde, stand mir die steil durchs Fenster hinein scheinende Nachmittagssonne im Gesicht. Und wenn man der Uhr über dem Schreibtisch einigermaßen trauen konnte war es bereits kurz nach Drei.

"Oh scheiße, Alter ..." Ich sah an mir runter. Ich war noch in der gleichen Lage wie am Morgen. Mit einem Unterschied: An meinem Stiefelende saß nun der mir zugeteilte Mannschaftsdienstgrad. Er hatte mir den Rücken zugedreht und schien am Tisch ein paar Kreuzworträtsel zu lösen.

"Guten Morgen, Herr Unteroffizier", sagte er, ohne sich umzudrehen. "Fühlen Sie sich jetzt besser?"

"Nicht wirklich ...", murmelte ich. "Und, irgendwas Nennenswertes passiert?"

"Nicht wirklich, Herr Unteroffizier", antwortete der Soldat. "Der Spieß war vor zwei Stunden mal da, aber er ist schon wieder raus."

"Der Spieß?" Ich merkte wie sich mein Herzschlag in der Geschwindigkeit unweigerlich verdreifachte. "Hat er mich etwa hier so liegen gesehen?"

"Sind Sie noch Unteroffizier?" Der Soldat half mir nach oben. "Er schien ziemlich in Eile. Alles gut."

"Oh Mann." Ich nickte. "Und die Idee mich vielleicht aufzuwecken, die kam Ihnen nicht irgendwann mal?"

"Sie aufzuwecken?" Der Soldat grinste pfiffig. "Ich hab sämtliche Anweisungen zwei Mal durchgelesen, aber davon steht nichts in meinen Aufgaben."

"Klugscheißer." Ich stieß einen leisen Seufzer aus. "Her mit dem verdammten Telefonbuch. Pizza geht auf mich."

Und so endete die Geschichte. Ich, mit einem schweren Kater und dem frommen Wunsch, nie mehr zu saufen, und mein Soldat mit einem vollgefressenen Bauch, inklusive einer mittelschweren Knoblauchvergiftung. Und nur noch 16 weitere Dienststunden. Panzergrenadiere – dran, drauf, drüber!

"We few, we happy few, we band of brothers. For he today that sheds his blood with me shall be my brother."
(St. Crispen's Day Speech, William Shakespeare's HENRY V.)

"Uns wen'ge, uns beglücktes Häuflein Brüder. Denn welcher heut sein Blut mit mir vergießt, der wird mein Bruder."
(St. Crispins-Tag-Rede, William Shakespeares Heinrich V.)

Oberstleutnant Nierme Alcon Capulso Jr., Philippinische Bundespolizei, Special Action Force (SAF), Special Training Unit (STU). Auslandseinsätze im Rahmen der Luzon Campaign, Visayas Campaign und Mindanao Campaign (Philippinen), Vereinte Nationen Mission in Timor Leste (UNMIT), Vereinte Nationen Mission im Kosovo (UNMIK), aktuell über 16 Dienstjahre und fortlaufend.

06 - Revierkontrolle

Es war im Sommer 2002 und nach einigen krankheits- und verletzungsbedingten Ausfällen Anderer, hatte ich mich langsam aber steil, als junger Feldwebel, bis zum stellvertretenden Zugführer hochgearbeitet. Aktuell war meine Kompanie die 4./PzGrenBtl 323 in Schwanewede und in jener Woche war ich neben meinen Aufgaben als stellvertretender Zugführer auch der eingeteilte Feldwebel vom Wochendienst (FvD), was bedeutete, dass mich nicht nur die Zugprobleme trafen, sondern nach Dienst auch jedes noch so kleine Problemchen der anderen Soldaten der Kompanie. So auch diese Nacht. Um kurz nach 23:00 Uhr klopfte es an meiner Tür. Degen. Mit seinem Kameraden Eden war er einer von zwei Fahnenjunkern in der Kompanie. Er widerrum war der eingeteilte UvD für diese Nacht und neben dem alltäglichen Geschäft der Eingangskontrolle ins Gebäude bestand seine aktuelle Aufgabe vor allem darin, den während der Grundausbildung gesetzten 22:00 Uhr Zapfenstreich zu überwachen, sowie die zuvor durch die einzelnen Stubenbesatzungen zu reinigenden Reviere abzunehmen.

"Degen." Ich sah ihn an. "Alles okay?"

"Nicht so ganz, Herr Feldwebel. Ich, also", druckste er umständlich herum, "ich hab da ein Problem und diesbezüglich bräuchte ich auch Ihre Hilfe ..."

"Alles klar." Ich nickte bloß. Genau das waren diese Momente, die ich liebte. Drei Jahre später, wenn sie ihr Studium in der Tasche hatten, gaben die meisten jungen Offiziere einen Scheiß auf die Meinung eines Portepee-Unteroffiziers. Solche Augenblicke galt es also auszukosten und zudem war Degen auch keiner von den Schlechten.

"Wie genau kann ich helfen, Fahnenjunker?" Ich griff mir meine Uniformbluse und trat aus der Stube.

"Gebäude 5, der 2. Zug, Herr Feldwebel. Ich hab' gerade eben die Duschräume inspiziert und zu sagen es ist schmutzig, wäre noch geschmeichelt."

"Haarige Duschspiele, was? Na dann auf", ich sperrte hinter mir ab. "Der 2. ist praktischerweise mein Zug. Dann wollen wir der Sache mal auf den Grund gehen!"

Zur Erklärung. Es gibt zwei Arten, mit jungen Wehrpflichtigen, oder überhaupt mit jungen Soldaten, umzugehen: die Kumpel-Methode – ob mit oder ohne dem von mir verhassten Du-Syndrom – oder die des Arschlochs. Und um ehrlich zu sein, auch wenn ich nie ein "Duzer" war, ich mag beide nicht. Vielmehr hab ich mir in all den Jahren sowas wie meinen eigenen Weg des Zugangs angeeignet – auch wenn der zugegebenerweise manchmal leicht sonderbar war.

Degen hatte recht. Die Dusche stand vor Dreck. Und was immer hier auch passiert war, es wurde vor dem zu Bett gehen nicht gereinigt – so wie es der Tagesrevierplan eigentlich vorsah.

"Sehen Sie?" Degen nickte hastig – seinen Hilferuf an mich damit gerechtfertigt sehend. "Ich wecke umgehend den Zug!" Und während er das sagte, zückte er seine Trillerpfeife.

"Ruhig, Junge!" Ich ergriff ihn am Arm. "Erstmal gilt es die nötigen Indizien zu sammeln! Oder möchten Sie jetzt etwa alle aufwecken, laut herumbrüllen und am Ende war es für nichts und wieder nichts?"

Degen räusperte sich.

"Nein, natürlich nicht", antwortete er dann, "das möchte ich natürlich nicht!"

Gemeinsam schritten wir also zum Revierplan rüber und überprüften die darauf festgehaltenen Aufgabenzuweisungen.

"Dusche: Stube 221." Ich sah zu Degen. "Los geht's."

"Jawoll, Herr Feldwebel", Degen setzte erneut die Triller-pfeife an.

"Nein, nicht! Was hab ich denn jetzt gerade gesagt, Fah-nenjunker?" Wir traten vor Stube 221. "Was wenn der Plan durch den Spieß geändert, und vielleicht bloß der Aushang noch nicht aktualisiert wurde?" Ich grinste. "Nun schauen Sie und lernen Sie!"

Vorsichtig drückte ich die Klinke hinunter und öffnete lang-sam die Tür. Dunkelheit und das sonore Geräusch einer schnarchenden Halbgruppe schlug mir entgegen. Alle acht Soldaten waren tief und fest am Schlafen. Ich gab Degen ein Zeichen mir zu folgen und schlich auf Zehenspitzen, pardon Stiefelspitzen, in den Raum. Zielstrebig steuerte ich das ge-genüberliegende Hochbett und dort das freiliegende rechte Ohr des Stubenältesten an und begann zu flüstern:

"Panzergrenadier, ich bin es, Feldwebel Griebler. Keine Angst, es ist alles in Ordnung. Schlafen Sie ruhig weiter." Ich machte eine kurze Pause. "Nur eine Frage noch, die Dusche, ist das Revier immer noch Ihrer Stube zugeteilt?"

"Ja, Herr Feldwebel, unser Revier", murmelte der Soldat schlaftrunken, die Augen weiterhin geschlossen haltend.

"Alles klar, mehr wollte ich gar nicht wissen ", antwortete ich zufrieden. "Schlafen Sie ruhig weiter", wiederholte ich mich, "und entschuldigen Sie die kleine Störung."
Dann, gefolgt von Degens ungläubigen Blicken, schlich ich wieder aus dem Raum hinaus, und als wir beide ihn dann ver-lassen hatten, schloss ich ebenso leise wie ich sie beim Betre-ten geöffnet hatte, wieder hinter mir die Tür.

"Herr Feldwebel?" Degen sah aus, als würde er die Welt nicht mehr verstehen. "Entschuldigung, aber", er sah mich an, "ich kapier's nicht."

"Nun", mein Grinsen wurde breiter, "Sie haben mich doch um Hilfe ersucht, weil sie etwas für's Leben lernen wollten, richtig? Jetzt ist es soweit. Wir haben den Revierplan geprüft und ebenso im Anschluss beim Stubenältesten gegengeprüft. Das heißt, wir können uns nun absolut sicher sein, dass das Revier Dusche der Stube 221 zugeordnet ist."

Ich holte tief Luft. Dann öfnete ich die Stubentür erneut. Diesmal hart und energisch die Klinke runterdrückend und mit dem nötigen Schwung, so dass die Tür sogleich vollends auf- flog und scheppernd gegen den dahinter stehenden metalle- nen Mülleimer donnerte. Ich machte das Licht an.

"Was zur Hölle ist hier los?", brüllte ich dann lautstark. "Raus aus den Betten und das ganze Zack Zack! In genau 30 Sekunden sehe ich den ganzen Haufen hier auf dem Flur ange- treten! Bee-wegung!" Dann begann ich von 30 an laut abwärts zu zählen.

25 Sekunden später standen alle acht Soldaten zur Linie angetreten vor ihrer Stubentür. Fahnenjunker Degen schien in Gedanken immer noch vor sich hin zu zählen und auch sonst sah er etwas geschockt aus.

"Meine Herren." Ich trat vor die Front. Die Stubenbesat- zung schaute mich an, als hätte man sie mitten in einen Alb- traum katapultiert.

"Sie wissen, warum Sie hier stehen?", fuhr ich fragend fort. "Die Dusche sieht aus, als hätte da jemand hineingekotzt! Nicht mal meine Großmutter würde da einen Fuß reinsetzen! Und die Gute ist halb blind!" Ich sah zu Degen.

"15 Minuten bis zur Revierabnahme!", ergänzte dieser dann, mit nun ebenfalls fester und lauter Stimme.

"Sehr schön, Fahnenjunker." Ich nickte zufrieden. "Sieht so aus, als hätten wir alle etwas gelernt heute ..." Und während um mich herum die Stubenbesatzung 221 begann, hektisch und mit Putzzeug bewaffnet durcheinander zu laufen, verließ ich den Ort des Geschehens – zurück in Richtung meiner eigenen Stube. Und kein Witz, DAS ist genau der Weg, den Soldaten verstehen.

"To be a great leader you have to know how to follow, listen and react."

"Um ein guter Anführer zu sein, musst du wissen, wie man folgt, zuhört und reagiert."

Feldwebel (w) Jessica Ivory Sutton, United States Army,
2 Auslandseinsätze in den Irak im Rahmen der Operation Iraqi Freedom (OIF), Bagdhad von 2005 – 2007 und Kirkuk von 2007 – 2009, aktuell fast 10 Dienstjahre und fortlaufend.

07 - Traue nie dem Chef!

Vor allem, wenn er einen aus heiteren Himmel an einem bis dato ruhigen Sonntagnachmittag anruft und er einen bloß fragt, ob man noch im Besitz eines gültigen Reisepasses ist. Das kann einfach nichts Gutes heißen!

"Jawoll, Herr Hauptmann", antwortete ich leicht irritiert, den Reisepass dabei aus meiner Wohnzimmerschublade hervorziehend. "Noch gültig bis März 2011."

Nun, es war November 2005 und mein Reisepass sozusagen noch flammneu – gerade mal kurz vor dem Ankratzen der Halbzeit! "Wieso fragen ...?" Weiter kam ich nicht. Der Hauptmann hatte bereits aufgelegt.

"Was auch immer", dachte ich mir, ohne in diesem Moment bereits auch nur im Entferntesten zu ahnen, was mich aufgrund dieser kurzen Aussage noch alles erwarten würde. Also ab in die Küche, neue Packung Cracker und wieder zurück vor den Fernseher. Zehn Minuten später klingelte mein Telefon erneut. Diesmal mein Zugführer.

"Oberfeldwebel. Sie fliegen morgen früh nach Afghanistan. Um 05:00 Uhr in der Kompanie. Seien Sie pünktlich und vergessen Sie Ihren Reisepass nicht!", sagte er nur. Dann war auch dieses Telefonat vorbei.

"Was zum Teufel!?!", dachte ich nur. "Verarscht ihr mich hier alle?"

Pünktlich um 05:00 Uhr erschien ich am nächsten Morgen in meiner Kompanie. Und spätestens als ich die zwei anderen traurigen Gestalten – einen Hauptfeldwebel und einen Stabsunteroffizier – die dort mit ihrem Handgepäck auf dem Dienstkommando herumstanden, erspähte, war mir klar, dass der Scherz doch ziemlich real war.

"Lasst mich raten", ich schüttelte ihnen die Hände. "Auch noch im Besitz eines gültigen Reisepasses?"

"Ja, sieht so aus, als hätte man uns reingelegt", murmelte Hauptfeldwebel Weber, ein großer, breitschultriger und ziemlich humorvoller Kerl mit dem passenden Spitznamen Gerry. Weiter kam er nicht.

"Meine Herren", eine dampfende Tasse Kaffee in der Linken und ein zusammengerolltes Faxpapier unter dem Arm erschien der Kompaniechef auf der Bildfläche. "Empfangen Sie Ihre Waffen! In zwei Stunden müssen Sie in Hahn am Flughafen sein! Hier", er reichte das Fax weiter an Gerry, "Ihre Befehle. Ein Waffentransport nach Kabul. Irgendeine Schenkung für die dortige Polizei." Er wischte sich über die Brillengläser. "Ich sehe Sie dann in ein paar Tagen mit Ihrem Abschlusbericht. Oder wann auch immer ..." Und schon war er wieder weg.

Ich denke, eine zweite Tasse Kaffee wartete damals irgendwo auf ihn. Damit, dass er möglichen Fragen ausweichen wollte, hatte sein schnelles Verschwinden sicherlich nichts zu tun.

"Haben wir schon ein Auto?" Fragend sah ich zu Malik, dem Stabsunteroffizier, und mit Gerry und mir der Dritte in unserem traurigen Bunde.

"Eben emfangen, Per", antwortete der und zeigte mir die Schlüssel.

"Na dann, Waffenempfang und los geht's!", pfiff Gerry voller Enthusiasmus und klopfte uns aufbauend auf die Schultern.

Wir verstanden. Gerry war gerade erst zurück von einem 12-monatigen Personenschutzeinsatz in Kunduz und konnte es sicherlich kaum erwarten, wieder zurück zu reisen. Vor allem gingen ihm seine Frau und die Kinder nach zwei Wochen zurück in der Heimat bestimmt schon gehörig auf die Nerven – blanker Sarkasmus Hurra. Eine gute Stunde später, durch den Winterverkehr hindurch, erreichten wir den Flughafen.

Den Bundeswehr Sattelschlepper dort zu finden war nicht sonderlich schwer, nur wo bitte kamen all die Maschinengewehre her? In unserem Befehl stand bloß etwas von etwa 10.000 ausgedienten Pistolen mit ausgefransten Ledertaschen. Tolle Wurst. Aber wie heißt es doch so schön? Leben in der Lageänderung. Ein weiser Satz, der sich im Laufe meiner Dienstzeit leider nur allzu oft bewahrheitete.

"Entschuldigung?" Ein paar Bundespolizisten tauchten auf. "Seid ihr die Jungs, die mit den Russen nach Kabul fliegen?"

"Mit den Russen?" Rasch überflogen wir nochmal unser Faxpapier. Und wirklich, ganz unten im Kleingedruckten, das wir anfangs für einen rasterhaften Tintenfleck gehalten hatten, stand es. Beförderung durch ein russisches Großraumflugzeug vom Typ Iljuschin IL-76T, betrieben von Azerbaidschani Cargo. Die Jungs in Blau hatten Recht! Leider. Unser geschätztes Verteidigungsministerium schien mal wieder keine Kosten und Mühen gescheut zu haben.

"Leider ist da noch was", fuhr der Kommissar, dem unsere Reaktion keinesfalls entgangen war, dann fort, "aufgrund dessen, dass es sich nicht um ein deutsches Flugzeug handelt und ein Tankzwischenstopps in Baku geplant ist – naja, wegen der allgemeinen politischen Lage in Azerbaijan dürft ihr eure Waffen leider nicht mitnehmen." Fordernd winkte er mit den Händen. "Würdet ihr mir dann bitte …?"

"Das ist ja wohl ein ganz blöder Scherz!", antwortete Gerry leicht entrüstet und mir schien er zum ersten Mal wirklich ein wenig sprachlos.

"Kein Scherz, nein." Der Kommissar schüttelte bedauernd mit dem Kopf und übergab unsere sichergestellten Dienstpistolen an seinen Kollegen. "Euer Pfefferspray könnt ihr behalten!"

'Oh wirklich?', dachten wir alle drei zeitgleich. 'Gibt es Pizza an Bord?' Zudem hatte man uns noch gnadenhalber den Tonfa gelassen. Verächtlich die Köpfe schüttelnd, sprangen wir in den für uns bereitstehenden Minivian und fuhren raus auf's Rollfeld. Ohne Scheiß, ich hatte ja keine Ahnung wie groß dieser verdammte Flughafen war! Nach drei Stunden waren wir immer noch nicht am Ziel und den vierten Tower hatten wir auch bereits passiert – zwei mal links einen und zwei mal rechts einen. Ganz ehrlich, ich hab' kein Problem, wenn jemand Zeit schinden will, aber bitte nicht im Winter, wenn ich alle 40 Minuten, aufgrund der Kälte, pinkeln muss.

Kurz vor 22:00 Uhr – vermutlich neigte sich der Sprit langsam dem Ende zu – erreichten wir endlich unser Flugzeug. Eine Iljushin IL-76T, ein riesige Transportmaschine mit einem Ladevolumen von rund 235,28 m³, frisch aus den Zeiten des Kalten Krieges und gemäß dem Schriftzug, heute nunmehr Eigentum der Azerbaijani Cargo – ganz wie es das Kleingedruckte in unseren Befehlen vorhergesagt hatte.

Wir verabschiedeten uns von unserem Fahrer – nach fünf Stunden ziellosem Umherfahren war er uns schon etwas ans Herz gewachsen – und stiegen die Seitenleiter zum Frachtraum rauf. Dahin, wo im Bauch des Flugzeugs die nächste Überraschung auf uns wartete. Irgendjemand hatte den Laderaum dermaßen vollgestopft, dass sich von den Sitzen, die sich links und rechts der Kabinenwand hätten befinden sollen, kein einziger mehr runterklappen ließ. Waffen, Fahrzeuge, hunderte Gepäckstücke – man konnte sich kaum umdrehen, so voll war das. Und dann war da noch diese mysteriöse, nach

Öl und Treibstoff riechende Pfütze in der ich stand. Aber irgendjemand von der Besatzung erklärte mir relativ schnell, dass das in russischen Flugzeugen so sein müsse, und ein leichter etwa 4cm tiefer Ölfilm über dem gesamten Ladeflächenboden, einfach dazugehörte.

"Genießt den Flug, Jungs ...", Gerry warf seinen Rucksack auf eine der Waffenkisten – da blieb er wenigstens trocken. "Sieht so aus, als hätten wir das Glücksschwein gleich zweimal gebumst!"

Zweimal? Bis dato hatten wir ja noch gar nicht die Crew getroffen! Aber die sollte nicht lange auf sich warten lassen. Vier Azerbaijaner von Anfang dreißig bis Mitte vierzig. Unrasiert, in Flip-Flops, Latzhosen und Wollpullis. Dem Geruch nach hatte es bei ihnen die letzten Tage irgendwas mit Knoblauch und Zwiebeln gegeben. Und anschmiegsam schienen sie auch noch. Allem Anschein nach verliebten sich gleich zwei von ihnen zeitgleich in den armen Malik. Die Gesten, die sie mit ihren Zungen von innen in ihren Wangenhöhlen veranstalteten, waren recht eindeutig. Ein dritter schien mehr auf mich abzufahren. Kaum hatte ich meinen Tonfa mal kurz ablegelgt, hatte er ihn sich auch schon gegriffen und began ihn vor meinen Augen zu reiben wie eine frische Salatgurke. Seufzend sah ich rüber zu Gerry, der sich bereits in einem Standnickerchen aus dem traurigen Umfeld abgemeldet hatte. Das konnte wahrlich ein lustiger Flug werden.

15 Minuten später, in denen der arme Malik von seinen zwei Verehrern vermutlich mehr als ein halbes Dutzend mal gedankengefickt wurde, tauchten dann auch die Piloten auf. Drei Russen – voll wie die Haubitzen. Ohne große Worte stolperten sie die Leiter hinauf, drückten sich an uns vorbei und erklommen dann lallend die Innenleiter zur Cockpitkabine. Ja, das Glücksschwein meinte es gut mit uns. Mein Russisch-

wörterbuch für Urlaubsreisen aufschlagend, las ich den ersten Satz, der mir ins Auge stach.

"Das habe ich so nicht gebucht", stand da übersetzt. Das musste Schicksal sein.

"Ihr! Soldat!" Einer der Bordmixer gab uns ein Zeichen. "Los! Los!" Er winkte mit den Armen und zeigte rauf Richtung Cockpit.

"Oh, cool!" Malik klatschte begeistert in die Hände. "Wir dürfen uns den Start im Cockpit ansehen!" Und mit funkelnden Augen stieg er vornweg.

"Das riecht nach 'ner Falle …", murmelte Gerry und wischte sich den Schlaf aus dem Gesicht. Ich nickte zustimmend. Und so war es auch.

Die Piloten hatten sich mittlerweile umgezogen und die unbequemen Uniformen gegen kuschelige Pyjamas getauscht. Pyjamas und Flip-Flops natürlich. Und was ich bis dato noch nicht gewusst hatte, war, dass anscheinend, wie schon der Ölfilm am Boden des Frachtraums, eine weinrote Stoffcouch am Ende der Cockpitwand ebenso zur Grundausstattung einer russischen Frachtmaschine gehörte. Auf dieser wies man uns unsere Plätze zu. Und als wäre das nicht schon genug, kamen dann auch drei unserer vier Bordmixer hinzu und setzten sich ohne groß vorzuwarnen mit ihren Popos auf unsere Schöße.

"Oh yay, that's gay[2]!", würde Barthel, ein Kamerad von mir, in solch einem Moment jetzt sagen. Und das war es auch irgendwie. Von wegen, beim Start muss jeder sitzen und so. In diesem Moment hätte ich wirklich sehr gerne mit dem vierten Bordmixer unten in der Funk- und Beobachtungskuppel getauscht. Tolles Panorama hatte der auch — und das ohne einen nach Zwiebel und Knoblauch riechenden Wollpulli vor der

---

[2] "Oh ja, das ist mal schwul!"

Nase. Irgendwie hatten es die Piloten geschafft ihr Lallen gegenüber dem Tower zu unterdrücken und zehn Minuten später befanden wir uns im Luftraum über Frankfurt mit Ziel Baku.

Der Flug an sich verlief relativ ruhig. Und abgesehen davon, dass wir normalerweise hätten sieben Stunden stehen müssen, hätten wir uns nicht doch noch irgendwie zwischen ein Paar der hochgeklappten Sitze geklemmt, war es sogar recht komfortabel. Gefüllt mit einem Schlafsack vermittelte so ein halb runter geklappter Sitz fast ein Hängemattengefühl. Nach vier Stunden erfolgte unser kleiner Tankstopp inklusive eines Besuchs der azerbaidschanischen Geheimpolizei an Bord, welche gründlich unsere Pässe unter die Lupe nahm. Ob bei dem Stopp jetzt wirklich eine Kiste verlorenging, kann ich allerdings nicht mit Gewissheit sagen.

Weitere drei Stunden später und der mitteleuropäischen Zeit bereits um zweieinhalb Stunden voraus, geschah etwas, was ich 'einen von diesen Momenten', die man nie vergisst, nennen würde. Einer von Maliks Lovern – Malik selbst hatte sich übrigens seit einigen Stunden in knapp vier Metern Höhe, hoch auf dem Gepäckberg, vor seinen Verehrern in Sicherheit gebracht – kam rüber und zeigte mir eine Art Fertigbordmenü, eingeschweißt in Silberfolie.

"Du Hunger?", fragte er.

'Klar!', dachte ich mir und nickte zustimmend. Was dann allerdings folgte, war nahezu episch. Kaum bejaht, entzündete der Bärtige auch schon etwas zusammengeknülltes Papier, Brandbeschleuniger und Kohle in einer aufgeschnittenen Metalldose, und plazierte diese, mein Fertiggericht obenauf, inmitten des Ölfilms vor sich auf dem Boden. Ein BBQ, mitten im verdammten Flugzeug!

Zwei Stunden später setzten wir in Kabul zur Landung an. Auch hier natürlich gegen jede geltende Regel – nämlich in einem weiten Bogen und mit langem Sinkflug über die Berge hinweg. Ein wahres Top Ziel für jeden Taliban, oder den, der es vielleicht mal werden wollte. Im Anschlus nahmen wir dann Verbindung mit dem deutschen Flughafensicherungsteam auf und überwachten die Löschung der Ladung. Eine kalte Sprite in der Hand und meinen Blick über die im Sonnenlicht glänzenden Berge schweifen lassend, versuchte ich den Flug irgendwie wieder aus meiner Erinnerung zu verdrängen. Aber könnt ihr euch schon denken, mit wem es dann letztendlich, als es soweit war, zurück ging? Genau – immer schön das Kleingedruckte lesen!

Malik bei seinem Mitternachtsdinner am Funktisch der Iljuschin. Rechts im Vordergrund zu erkennen ist der verbeulte Blecheimer, in dem kurz zuvor mittels offener Flamme noch gekocht wurde.

13 YEARS OF SERVICE

PER MATTHIAS GRIEBLER

*"You don't have to want to [do it]; you just have to [do it].
Your desire is not a part of the equation."*

*"Du musst es nicht (tun) wollen, du musst es nur tun.
Dein Verlangen ist nicht Teil der Gleichung."*

Oberstleutnant John M. Hammer, United States Army Medical
Service Corps Social Work Officer, Einsätze ins Camp Monteith,
Kosovo (KFOR) im Jahr 2000, Baghdad, Irak (OIF) von 2003 –
2004, Khandahar, Afghanistan (OEF) von 2013 – 2014,
aktuell fast 17 Dienstjahre und fortlaufend.

08 - Gott in Weiß

Das schöne an Weißheitszähnen, oder Zähnen allgemein ist ja, sie melden sich immer dann wenn man es gerade nicht braucht. Bei mir war es mitten auf dem Unteroffizierslehrgang Teil II und den Schmerzen nach saß der Übeltäter unten rechts. Das dumme war nur, aktuell befand ich mich in der Vorbereitung auf den Übungsplatz und der widerrum war Voraussetzung zum Bestehen des Lehrgangs und damit auch zur Beförderung zum Stabsunteroffizier, irgendwann mal. Fehltage waren also nicht drin und mir blieben erstmal nur die guten Ibuprofen 600. Das war am Montag. Am Donnerstag schleppte ich meinen wummernden Schädel dann endlich zum Arzt. An diesem Morgen stand bloß Technischer Dienst (kurz TD) an den Panzern an und Fehlen war hier nicht von elementarer Bedeutung.

"Tja, der muss raus!", war alles was mein Standortarzt, nach einer kurzen Fleischbeschau, dann mit durchaus ernster Miene sagte. "Ich überweise Sie als Notfall ans BwZK[3]. Sieht nach einer größeren Sache aus, Unteroffizier ..."

"Größere Sache?" Ich sah ihn entsetzt an. "Wie groß denn, bitte?"

"Na ja, alle vier. Weg ist weg!" Er klopfte mir auf die Schulter. "Das heißt Vollnarkose und eine Woche Bettruhe."

"Eine Woche Ruhe?" Ich stöhnte auf. "Entschuldigung, Herr Stabsarzt, aber", ich richtete mich auf, "entfällt im Ansatz!" In möglichst wenigen Worten vermittelte ich ihm kurz meine aktuelle Lehrgangslage, und dass ich mich aufgrund dieser wohl oder übel für die Bröckchenmethode entschied –

---

[3] Bundeswehrzentralkrankenhaus (richtig BwZKrhs)

den einen jetzt, die anderen irgendwann mal – wenn überhaupt.

Am nächsten Morgen, pünktlich um Sieben, erschien ich dann im Krankenhaus. Vorsichtshalber in Uniform, um erst gar nicht den Anschein zu erwecken, dass ich im Anschluss vielleicht noch ein bißchen dort bleiben wöllte. Und kaum war ich da, war ich auch schon dran.

"Folgen Sie mir bitte, Unteroffizier", säuselte die Schwester mit sanfter Stimme. "Der Herr Doktor ist sofort für Sie da!"

Und wirklich, eineinhalb Atemzüge später schwebte der Gott in weiß auch schon die Tür rein. Fast unheimlich, wie schnell im BwZK alles ging.

"Unteroffizier Griebler, ja?" Hastig streckte er mir die in frisches, lilafarbenes Latex gehüllte Hand entgegen."Ich hab gehört Sie sind ein wenig in Eile, ja?" Er zog sich seinen Mundschutz hoch und zeigte rüber zu der mittig im Raum stehenden OP-Liege. "Dann wollen wir's am besten mal schnell hinter uns bringen, was? Unten rechts, richtig?"

"Unten rechts, genau Herr Oberfeldarzt", erwiderte ich nickend und beobachtete leicht irritiert, wie die Schwester, fröhlich pfeifend, links und rechts von meinem Oberkörper, und anschließend ebenfalls zweifach über den Beinen, die Gurte straff zog.

"Normale Stühle sind wohl gerade aus ...?", versuchte ich die Situation mit einem lockeren Spruch aufzuheitern.

"Weit öffnen, bitte!", antwortete der Oberfeldarzt jedoch bloß und beugte sich über mich.

'Na wird schon passen', dachte ich mir und schloss die Augen. Ich hasste Zahnarztbesuche und hasse sie immer noch. 'Er ist Oberfeldarzt, er hat Erfahrung – alles gut!', ging es mir durch den Kopf. Das nächste was da durch ging, war die 20cm Spritzenkanüle mit der Betäubungsinjektion. Und ich sage bewusst *durch* den Kopf, den da wo sie landete, sollte sie gewiss nicht hin.

"Oh, na sowas." Die Augen des Arztes verzogen sich zu einem Grinsen. "Zu weit oben."

Und ja, da konnte man wohl von ausgehen, wenn einem die Spritze fast oben in der Nasenhöhle herumwühlte. Binnen Sekunden war meine rechte Augenhöhle, die komplette Nase und Teile meines rechten Ohrs taub. Herr Doktor setzte ein zweites Mal an.

"Ja, das sieht gleich viel besser aus." Nun nickte er zufrieden.

Ich wünschte, ich hätte auch so zufrieden nicken können. Diesmal ging die Nadel quer durch meine Zunge, was selbige im Anschluss bloß noch wie einen leblosen Waschlappen im Mundraum herumrollen ließ. Und so ganz war die Betäubung, an der Stelle wo sie hin sollte, auch noch nicht zu spüren. Aber Herr Doktor ließ sich nicht beirren.

"Dann wollen wir mal. Weit aufmachen!", wiederholte er.

Ich starrte bloß auf das kleine glänzende Skalpell in seiner rechten Hand.

"Haaahahaaa?" Was so viel hieß wie: "Was genau tun Sie jetzt?"

"Na ja, Unteroffizier ..." Geschäftig fing der Oberfeldarzt an in meinem Mundraum herum zu werkeln. "Da Ihr Freund hier, der Weißheitszahn, ganz unglücklich unter zwei Backenzähnen hochgewachsen ist", er atmete schwer, "und nun quer an deren Wurzeln liegt", seine Hände wanderten seitlich an meine Wangenknochen, "müssen wir ein wenig tricksen um ihn rauszukriegen ..." Knacken. Mein Kiefer!

"Erstmal schneide ich Ihnen jetzt das Zahnfleisch runter ... Ja, viel besser", drang es nun an mein Ohr.

Meinte er das ernst? Ich starrte hoch an die Decke. Ja, meinte er. Verdammter Spiegel. Hastig schloss ich die Augen wieder.

"Sieht so aus, als müsste ich Ihnen den Kiefer komplett ausrenken – sonst wird das nichts ..." Erneutes Knacken. Dann ein kräftiger Ruck und im nächsten Moment fühlte ich mich ganz komisch – noch komischer. Ja, ich hasste diesen Arzt.

"Den Hammer und den kleinen Spaltmeißel bitte", wies mein Peiniger nun seine Assistentin an. "Und saugen Sie mal ab. Das sieht ja aus, als hätte ich ein Schwein abgestochen!"

"Hahum-m-m-mm?"

"Alles gut, Unteroffizier." Er tätschelte mir die Wange. "Ich werde Ihnen jetzt den Bösewicht seitlich aufspalten und schauen, dass ich dadurch die Zahnstücke dann irgendwie herausgebrochen kriege." Und kaum gesagt, schob er mir auch schon väterlich sein Knie zwischen die Beine, und dann, halb auf und über mir liegend, seine Ellenbogen dabei auf meinem Brustkorb abstützend, begann er in meinem Mund rum zu hämmern. Ich fühlte mich ernsthaft, als ob ich gleich sterben würde. Keine Ahnung wieviel Zeit verging. Andauernd hörte ich Sätze wie:

"Saugen Mädchen, saugen! Jetzt ist mir schon wieder ein Zahnstückchen in die Speiseröhre gefallen!" Oder solche: "Verdammt, zu tief! Na, das näh' ich später wieder zu!" Oder der Klassiker: "Nochmal den Meisel bitte. Ich muss da noch mal nachsetzen!"

Eigentlich war das, was er da tat, gar nicht das Schlimmste – der Zahn musste raus, und er tat alles dafür, dass das gelang – irgendwie. Auch wenn ich mir gewünscht hätte, dass es, und vor allem der Herr Oberfeldarzt, ein wenig leichter gewesen wäre. Sein Gewicht auf dem Brustkorb schnürrte mir fast den Atem ab. Aber *wie* er es tat, das war schlimm! Musste er mir denn ernsthaft jeden verdammten Arbeitsschritt genau erzählen? Ich hatte zwar die Augen zu, aber das Kopfkino, und dann noch die Geräusche! Knacken, Blubbern – ich konnte nicht mehr. Nach gefühlten zwei Stunden und real etwas über 30 Minuten – wie mir die Uhr über der Tür später verriet – war es endlich vorbei.

"Na, das wäre geschafft. Was, Unteroffizier?" Mit einem kurzen Seitwärtsruck meine Schnallen lösend klopfte er mir auf die Schultern. "Tun Sie mir bitte nur den Gefallen und gehen Sie so nicht raus." Er drückte mir ein kleines, verschlossenes Plastikdöschen, mit meinen, darin in einer Art chemischen Lösung schwimmenden, Zahnstücken in die Hand. "Sonst hab ich gleich keine Patienten mehr."

"Allesch kla." Ich nickte. Besser war's sicherlich. Ich betrachtete mich im Spiegel. 'Nicht vergessen Mama nach einem Reinigungsmittel gegen Blutflecken zu fragen', kam es mir dabei unweigerlich in den Sinn.

"Sind Sie mit dem Auto da oder werden Sie abgeholt, Unteroffizier?" Er reichte mir meine Papiere.

"Mit dem Audo", murmelte ich.

"Dann gibt's leider nichts zu Naschen für Sie", ergänzte die Schwester mit leicht schnippischem Unterton und ließ die gerade für mich hervorgeholten Schmerztabletten sogleich wieder in der Schublade verschwinden.

"Keine Medikamente beim Autofahren", erklärte der Arzt, "und warten Sie bitte auch noch, bis die Betäubung ganz aufgehört hat. Wir sehen uns dann in sieben Tagen wieder – zum Fäden ziehen!" Dann ging er. Sein nächstes Opfer wartete vermutlich schon.

Ich ging auch. Bloß weg von dort. Der restliche Abend und auch die Nacht waren die Hölle. Am nächsten Tag stand ich dann bereits wieder im Panzer. Und auch wenn es bloß rangierübungen auf dem Kasernengelände waren, das Geruckel auf dem Kopfsteinplaster brachte mich fast um. Die Fäden ließ ich mir nach den sieben Tagen von meinem Standortarzt ziehen. Und den Oberfeldarzt? Nun, hab ich nie mehr gesehen. Auch nicht, als sich knapp zwei Wochen nach Lehrgangsende dann schmerzlich meine anderen Weißheitszähne zu Wort meldeten. Verdammte Sch ...!

"The only thing necessary for the triumph of evil is for good men to do nothing."
(Edmund Burke)

"Nichts anderes braucht es zum Triumph des Bösen, als dass gute Menschen gar nichts tun."
(Edmund Burke)

Chuck Jordan, Gefreiter der United States Marineflieger, Juli 1965 bis November 1968, ein Einsatz in Vietnam und ein Einsatz im Mittelmeer.

09 - Kleines Missgeschick

Ich denke es war irgendwann zwischen 2005 und 2007. Definitiv ereignete sich die kleine, nachfolgende Geschichte, zu der Zeit, als ich einen Mann als Kompaniechef hatte, der fast ein noch größerer Schnupfttabak-Vernichter war, als ich selbst. Eine Tatsache, die jemand wie ich, niemals vergessen würde. Aber das ist nicht die Story, sondern vielmehr die des Besuches unserer Außenstelle in Germersheim.

Der Major und ich hatten uns bereits um 07:00 Uhr aus der Kompanie in Koblenz abgemeldet, da wir auf dem Weg noch unseren gemeinsamen Freund Bill White, Kompaniechef einer US-Aviation Einheit, den dortigen Heeresfliegern, in Mannheim besuchen wollten. Gegen Mittag trafen wir dann am eigentlichen Ziel ein. Die Luftwaffenkaserne in Germersheim war so etwas wie der alljährlich wiederkehrende Feldjäger-Spielplatz für Groß und Klein. Hier unterstützte unser Bataillon, und vor allem unsere Kompanie, regelmäßig in der Auslandvorbereitung anderer Einheiten. Das hieß, drei straff durchgeplante Wochen, in denen immer wieder wechsellastig verschiedene Ausbilder für die Bereiche Riot Control, Checkpoint- und Vehicle-Check sowie auch zur Unterweisung diverser Festnahmetechniken abgestellt wurden.

Letzter Punkt war für den Major ein ganz besonderer Spaß, da aktuell ein paar seiner alten Studienkollegen als Teilnehmer die Ausbildung durchliefen und sich von unseren Portepees mal so richtig zeigen ließen, was sie alles nicht konnten. Und während der Major dort als Zuschauer seine helle Freude hatte, wählte ich meinen Platz bei der Vehicle-Check Ausbildung, die mein Kamerad Oberleutnant Patrick S. hielt.

Und während ich da so rumstand, fiel mir ein Kerl Anfang bis Mitte Fünfzig auf, der irgendwie so gar nicht ins Bild passen wollte. Wie die anderen trug er flecktarn, jedoch in einem dermaßen desolaten Zustand, dass es eine helle Freude war. Die Feldjacke halb geöffnet, die Handgelenkklettverschlüsse nicht geschlossen, seine Mütze tief in den Nacken gezogen und heraushängende Schnürsenkel. Darüber hinaus schien ihn auch alles nicht so ganz zu interessieren, denn er stand ein wenig abseits und hatte die Hände tief in den Feldjackentaschen vergraben. Ich schlenderte zu ihm rüber und klopfte ihm von hinten auf die Schulter.

"Na, Kamerad", ich zupfte an seiner Schulterklappe, "wer hat dich denn zum General gemacht?", fragte ich grinsend. Drei goldene Sterne – Generalmajor, vielleicht ein klein wenig hoch gegriffen für einen Rollenspieler. Obwohl, das Gesicht dazu hatte er ja. Doch leider nicht bloß das Gesicht, wie sich im nächsten Augenblick herausstellen sollte.

"Sommer 2001, unter Rudolf Scharping, Oberfeld", antwortete er bloß und zog eine Schachtel Kippen hervor. "Zigarette?"

Nun, das war einer dieser Momente zum im Boden versinken. Der General war echt und ich ein Riesenrindvieh. Und es gibt eigentlich nur zwei Arten wie man eine solche Situatuion noch irgendwie überleben kann: Sofort auf die Knie fallen und um seinen Dienstgrad und vor allem um sein Leben betteln, oder weitermachen und so tun, als wäre nichts passiert. Ich entschied mich für letztere Variante. Mit etwas Glück hielt er ja vielleicht mich für einen Rollenspieler.

Als ich die Geschichte später meinem Chef erzählte, rollte er nur seufzend mit den Augen. Naja, er kannte mich ja. Allem Anschein nach hatte es sich bei meinem neuen Buddy um den derzeitig stellvertretenden Kommandeur der Luftwaffe gehandelt. Aber wie auch immer. Es gibt kaum etwas auf der

Welt, dass eine gute Prise Schnupftabak nicht irgendwie wieder in Ordnung bringen könnte – oh ja!

"The testament of a man's character is not justified by circumstance, but by the morals he exercises through actions that bring honor. As such, victims of such circumstance are self imposed for their failure to command their life's path, and fully accept responsibility. Anything short of this – is dishonorable."

"Die Hinterlassenschaft des Charakters eines Menschen wird nicht durch Umstände gerechtfertigt, sondern durch die Moral, die er durch Taten ausübt, die Ehre bringen. Daher sind die Opfer solcher Umstände selbst für das Scheitern, ihren Lebensweg zu beherrschen, verantwortlich und müssen die volle Verantwortung dafür übernehmen. Alles weniger als dies ist unwürdig."

Stabsunteroffizier Allen J. Powell, United States Army, Einsätze im Pazifik (2003), Irak (2003), Afghanistan (2003 – 2004), verschiedene Stationierungen in Europa (2008 – 2011), Nord Afrika (2008), Rumänien/Bulgarien (2009), Nordeuropa (2010), Mittelmeer (2011), aktuell fast 13 Dienstjahre und fortlaufend.

10 - Einfach mal die Fresse halten ...

Es müsste während meines Kosovo-Einsatzes 2005 gewesen sein, als mal wieder ein sogenannter Money-Transport, eine Bargeldverschiebung von unserem Feldlager aus in Richtung Pristina, anstand. Ein simpler Begleiteinsatz der eigentlich mehr dem Zweck des Sightseeings diente, als dass er in irgendeiner Weise gefährlich war. Mit der Bell[4] dauerte der Flug gerade mal 20 Minuten, doch nichtstuend hinten zu sitzen und mit beidseitig geöffneten Schwingtüren den durchblasenden Flugwind und die Aussicht zu genießen, war auch für diese kurze Wegstrecke eine durchaus willkommene Abwechlung zum Regeldienst. Vor allem da man hier oben nicht mehr den, sonst im kosovarischen Sommer so beliebten, Gestank von verbranntem Müll und in der Sonne langsam verwesenden Fleischabfällen wahrnahm.

Wir übergaben die Geldkoffer am Flughafen und nach einem kurzen Kaffee mit der dort stationierten Flugsicherungstruppe war es auch schon wieder an der Zeit zurück zu fliegen. Und das war genau der Moment, wo jemand den selten blöden Einfall hatte, seine Schnauze aufzumachen, bevor er sein Gehirn benutzte. Nicht umsonst heißt es ja denken, drücken, sprechen.

"War das eigentlich schon alles?", fragte er und sah die Piloten dabei dämlich an.

Die grinsten nur.

"Ich fliege zurück", sagte daraufhin der Major zu dem Hauptmann. Und leise aber äußerst dreckig vernahm ich ein Lachen in unsere Richtung.

---

[4] Bell UH-1D, auch "Huey" genannt; eine Luftfahrtlegende der Bundeswehr; wird seit den 60er Jahren vom deutschen Militär als Lasten- und Truppentransporter, vor allem aber auch für Rettungseinsätze genutzt.

"Idiot", seufzte ich. Und ich sollte Recht behalten. Der Rückflug dauerte ebenfalls 20 Minuten. Allerdings hatte der mehr etwas von einer Achterbahnfahrt und dem Freefall-Tower im Phantasialand, als von Sightseeing und warmem Wind. Konturenflug vom Feinsten! Jeder Gipfel, Baum, Busch, See, jede Brücke und selbst herumstreunende Hunde wurden im Tiefflug genommen. Das Ergebnis: zwei Feldjäger mit grünen Gesichtern auf der einen Seite und zwei äußerst zufriedene Piloten auf der anderen.

Ich kann nur sagen: "Danke für diese wundervolle, jedoch überflüssige Erfahrung. Und es ist wahr: Wenn man keine Ahnung hat, einfach mal die Fresse halten!"

"You check down, not up Private."

"Du kannst den Mund nach unten hin auf machen (in deiner Dienstgradstruktur), nicht nach oben, Gefreiter."

Oberfeldwebel Jonathan W. Bullard, United States Army, 2 Auslandseinsätze im Rahmen der Operation Iraqi Freedom von 2004 – 2005 und von 2009 – 2010, ein Auslandseinsatz nach Baharain im Jahr 2008, ein Auslandseinsatz in Afghanistan von 2012 – 2013, aktuell über 26 Dienstjahre und fortlaufend.

11 - Minimal überladen

Damals, in meiner Zeit als Panzergrenadier, verbrachten wir eigentlich immer vier von fünf Wochentagen auf dem angrenzenden Standortübungsplatz. Zum Zeitpunkt dieser Geschichte hatte der IV. Zug, zusammen mit uns Ausbildern, etwa eine Stärke von 30 Mann und unser Zugführer, Spitzname "Kippe", was zurückzuführen war auf seinen unglaublichen Glimmstengelverbrauch von etwa vier Schachteln Marlboro am Tag, damals mit seinen 32 Jahren der jüngste Hauptfeldwebel des Bataillons — war der gleiche Mann, der Ende 1998 bereits mich in meiner eigenen Grundausbildung geführt hatte.

Aktuell befanden wir uns mit dem Zug gerade in der Spezialgrundausbildung und da ich selbst erst seit drei Monaten wieder zurück war von meinem Unteroffizierslehrgang Teil II, hatte ich endlich die Gelegenheit, das dort erlernte Kommandantenwissen in die Praxis umzusetzen. Besatzungstraining den ganzen Tag lang. Wer saß wo, wo gehörte was hin, wer musste was bedienen und wenn ich absaß, wo musste ich dann hin? Fragen über Fragen, aber nach sechs Stunden ununterbrochenen Auf- und Absitzens lief das Ganze schon relativ gut. Kippe war zufrieden. Und nach einem letzten scharfen Durchgang, gegen 15:00 Uhr, beschloß er die Ausbildung für heute einzustellen und hier Schluss zu machen.

Wir waren mit drei Panzern draußen und auch wenn die Kraftfahrer regelmäßig die Motoren laufen ließen, so hatten unser ununterbrochenes Beüben, mit Heckklappe auf und zu unter Ausnutzung der Hydraulik, Tarnlichtbetrieb im Inneren und hydrauliches Drehen des Geschützturmes doch ziemlich an den Batterien gefressen. Zwei von drei Spz Mardern waren komplett nicht mehr einsatzbereit. Selbst das Spannen eines Überbrückungskabels von dem noch Funktionierenden aus, ließ die Hauptbatterien der zwei anderen Schützenpanzer nicht mehr auf die nötige Grundspannung steigen.

"Inst-Trupp[5] Marsch!", befahl Kippe daraufhin in Richtung eines der anderen Unteroffiziere und winkte mich zu sich. "Griebler, du fährst mit den Männern schon mal runter. TD[6] an den Waffen unten im Flur. Alles klar?"

"Alles klar. Jawoll, Herr Hauptfeldwebel!" Ich nickte. "Mit allen?", fragte ich dann aber sicherheitshalber nochmal nach und sah zu meinem Panzer. Der war inklusive Kommandant, Richtschütze und Kraftfahrer genau auf neun Mann ausgelegt, vielleicht zwölf, wenn man ein wenig quetschte.

"Schwenke, Koch und die beiden Kraftfahrer bleiben bei mir." Kippe nickte. "Du schaffst das schon. Außerdem", er zündete sich eine neue Zigarette an, "es sind weniger als fünf Kilometer. Was soll schon groß passieren?"

"Jawoll, Herr Hauptfeldwebel!" Ich salutierte und kletterte in meinen Turm. "Kraftfahrer, hier spricht der Kommandant. Motor an." Fünf Minuten später rollten wir von der Platte. Das Gelände, die sogenannte Fahrschulplatte, auf der wir geübt hatten, befand sich am anderen Ende des Standort-übungsplatzes, nahe dem Emser Golfplatz. Und wie mein Zug-führer schon gesagt hatte, es lagen etwa fünf Kilometer Wegsrecke vor uns. Der Panzer war zum bersten voll. Fast drei komplette Besatzungen, sämtliche Handwaffen und dazu die gesamte persönliche Ausrüstung. Aus den Luken schauten jeweils zwei Mann und wie es unterhalb dieser, im Panzerin-neren, aussah, konnte ich auch nur erahnen. Aber wir rollten. Noch drei Kilometer. Rechts von uns passierten wir die Pan-zerwaschanlage. Noch zweieinhalb Kilometer. Ab jetzt ging es bergab. Der Kraftfahrer schaltete zurück.

---

[5] Instandsetzungs-Truppe
[6] Technischer Dienst

"Ja, gut so", stimmte ich ihm über Funk zu. "Schön sachte, Junge. Wir sind vielleicht ein bißchen zu schwer …" Und das waren wir eindeutig. Das musste sich auch die schräg zur Panzerringstraße, in einem Feldweg lauernde Feldjägerstreife gedacht haben, als sie den dunklen Rauchausstoß aus unseren Auspuffrohren und den Geruch nach verbranntem Bremsgummi wahrnahm. Im nächsten Moment hatten wir auch schon einen olivfarbenen Opel Kadett mit eingeschaltetem Blaulicht hinter uns.

"Fuck!" Ich stöhnte verzweifelt auf. Noch zwei Kilometer, nur noch zwei verdammte Kilometer. "Kraftfahrer", ich gab den Feldjägern ein Zeichen, dass wir sie gesehen hatten, "vorbereiten zum Anhalten!" Und kaum standen wir, standen die zwei Feldjäger, ein Unteroffizier und ein Stabsunteroffizier, auch schon unterhalb meines Turms rechts neben mir.

"Kommandant!" Der Streifenführer rief zu mir hoch. "Motor aus und lassen Sie absitzen!"

"Motor aus!", gab ich über Funk weiter. "Wieso Absitzen?", rief ich dann runter. "Stimmt etwas nicht?"

"Nun, das würde ich gern selbst beurteilen", antwortete der Stabsunteroffizier. "Sie kommen mir ein bißchen überladen vor …"

"Wirklich?" Ich rückte mir mein Barett gerade. "Naja, der Spz ist ja nicht mehr der jüngste … Truppführer." Ich nahm Verbindung mit meinem Stellvertreter im Heck des Fahrzeugs auf. "Lassen Sie die Männer absitzen", befahl ich über Funk. "Und eines noch, lasst es so normal aussehen wie möglich!"

Es vergingen ein paar Sekunden. Dann, unter dem leisen surren der Hydraulik öffnete sich die Heckklappe. Die ersten zwei, ihr Gewehr, wie es sich gehörte, am langen Arm, sprangen raus. Dann die nächsten. Und wieder zwei. Alles trat sauber aufgereiht hinter dem Fahrzeug, auf der rechten Straßenseite an. Auch ich war mittlerweile von meinem Turm abgesessen und stand nun bei den beiden Feldjägern. Irritiert begann der Streifenführer nach den zwölften Soldaten der an ihm vorbeigelaufen war, mitzuzählen. Nach den achtzehnten sah er mich an.

"Sag mal, Uffz ..." Er sah wieder zu den Männern. "Wie viele sitzen denn auf diesem verdammten Panzer?"

Ich schluckte. Jetzt hatte er mich.

"32", antwortete ich dann, getreu dem Leitspruch 'Stumpf ist trumpf' folgend. "Aber wir sind nicht voll besetzt!"

Stille.

"Wirklich?" Der Stabsunteroffizier sah zu seinem Begleiter. Dann wieder zu mir.

"Willst du mich eigentlich verarschen, Uffz?"

"Würde ich mir das jemals erlauben?" Der letzte meiner Jungs lief nun über die Heckklappe und reihte sich in der angetretene Formation ein. 24 Mann komplett.

"32, ja?" Der Stabsunteroffizier nickte. "Na dann." Er salutierte. "Gute Weiterfahrt. Gott weiß, ich hasse Schreibkram!"

"Zu Befehl." Grinsend salutierte ich zurück und gab dem Zug das Zeichen zum wieder aufsitzen. Das war meine erste Begegnung mit den Feldjägern. Und das erste Mal, dass ich daran dachte, irgendwann vielleicht selbst mal einer zu werden.

PER MATTHIAS GRIEBLER

*Mein Freund Casey und ich während eines Schießens der 96th MP Detache-
ment, nach einer legendären Prise Schnupftabak.*

*"Live as if you were to die tomorrow. Learn as if you were to
live forever." (Mahatma Gandhi)*

*"Lebe als wenn es kein Morgen gäbe. Lerne als würdest du für
ewig leben." (Mahatma Gandhi)*

Stabsunteroffizier (w) Soneniranh Flores, United States Army,
ein Auslandseinsatz im Rahmen der Operation Iraqi Freedom
(OIF) von 2007 – 2009, aktuell 7 ½ Dienstjahre und fortlaufend.

12 - Unzustellbar

Wer erinnert sich noch an die Tage vor Facebook, Twitter oder Whats App? Die Zeit, in der vor allem Liebesbekundungen noch in handgeschriebenen Briefen mit Parfumduft und Lippenstift-Knutscher verschickt worden? Aber selbst Telefonate die mit Freunden geführt worden – wenn es hoch kam, vielleicht einmal pro Woche und nicht andauernd überflüssige Kurznachrichten und Statusmeldungen im Minutentakt?

Nun, nach zwei langen, harten Wochen fernab der Heimat und kaserniert in der Mitte vom Nirgendwo und das auch noch ohne Ausgang, konnte unsere Juli 2003er Grundausbildung es gar nicht erwarten, ihre ersten Briefe von Daheim in Empfang zu nehmen. Aber wie bei fast allen Jungs in dem Alter war Zuhören das erste Problem.

"Bataillon, Kompanie, Zug, Dienstgrad, Name, Kaserne, Straße und Stadt." Wir Ausbilder konnten es auch an die hundert Mal wiederholen und selbst wenn die Reihenfolge in dicker, fetter Schrift am schwarzen Brett aushing – irgendetwas wurde von den Rekruten immer vermischt oder schlichtweg ganz weggelassen. Aber wie es ihnen beibringen? Nun, ich für meinen Teil hatte da meine ganz persönliche Methode entwickelt. Eine, die ich mir bei meinen eigenen Ausbildern abgeschaut hatte – damals, 1998. Und diese versprach, dass solche Fehler nie wieder auftraten – zu 100%!

Jenen Donnerstag hatte das Geschäftszimmer acht Briefe in unser Zuggebäude überstellt und als ich sie in meinem Büro überprüfte, waren letztendlich bloß zwei in Ordnung. Drei widerrum führten die falsche Adressreihenfolge, bei zweien fehlte schlichtweg der Dienstgrad und einer, ja einer war komplett daneben. Kein Dienstgrad, kein Kasernenname, kein Zug – das perfekte Negativ-Beispiel.

"Das ist unser Mann", murmelte ich grinsend, dabei den Umschlag hochhaltend und reichte ihn weiter an Salzwedel, einen meiner Unteroffiziere.

"Nun beobachte und lerne, Marcus!", sagte ich zu ihm und öffnete die Schreibtischschublade zu meiner Linken. Einen frischen Briefumschlag und eine 55 Cent Briefmarke hervorziehend, machte ich mich ans Werk. Und für alle, die noch nie eine Dokumentenfälschung selbst durchgeführt haben: Mit einer ruhigen Hand, einem Bleistift, einem dünnen Filzschreiber und etwas Kaffeesatz lässt sich so einiges machen.

"Old Spice?" Salzwedel reichte mir einen Parfumspender.

"Kann nicht schaden." Ich nickte zustimmend und verpasste dem Umschlag mit zwei, drei kleinen Spritzern die letzte Ölung. Zufrieden betrachtete ich mein Kunstwerk. Sah fast besser aus als das Original.

"Und jetzt?" Interessiert sah mir Salzwedel zu, wie ich die Fälschung im Briefstapel ganz unten anordnete und das Original dafür in meiner rechten Beintache verschwinden ließ.

"Jetzt?" Ich grinste. "Jetzt lässt du den Zug antreten!"

Zwei Minuten später standen alle 26 Mann in Linie zu einem Glied angetreten vor ihren Stuben.

"Zwoter Zug Stillgestanden. Richt euch! Augen geradeaus! Die Augen zur Meldung an den stellvertretenden Zugführer links!" Salzwedel schlug die Hacken zusammen und salutierte. "Herr Feldwebel!" rief er, "zwoter Zug, wie befohlen vor den Stuben angetreten!"

"Schönen Dank, Stabsunteroffizier." Ich nickte. "Augen geradeaus. Zwoter Zug, rührt euch!" Dann trat ich vor die Front und Salzwedel an der Seite ein.

"Meine Herren", ich zückte die Briefumschläge, "frohe Kunde aus der Heimat!" Langsam schritt ich die Front ab, begleitet von den erwartungsvollen und freudig aufblitzenden Augen der Soldaten.

"All die Briefe von ihren Mamis, Papis und Liebhabern!" Grinsend blieb ich in der Mitte wieder stehen. "Ich werde Ihnen jetzt sagen, wie das läuft. Ich rufe Ihren Namen, Sie antworten mit einem lauten 'Hier, Herr Feldwebel', dann kommen Sie nach vorn, empfangen Ihren Umschlag und treten wieder ein. Gelesen wird auf Stube. Soweit alles klar?"

"Jawoll, Herr Feldwebel!", donnerte es einstimmig über den Flur.

"Gut so." Ich nickte und nahm den ersten Umschlag hoch. "Panzergreandier Hagen!"

"Hier, Herr Feldwebel!", rief es aus der Menge zurück. Dann, wie ich es zuvor erklärt hatte, kam der Soldat nach vorn, empfing seinen Umschlag, steckte ihn in die Beintasche und trat wieder ein. Ihm gleich taten es auch die nächsten sechs aufgerufenen Soldaten. Am Ende hatte ich nur noch den letzten Umschlag.

"Nun ..." Nachdenklich betrachtete ich den Empfänger. "Das hier", ich wog den Brief nachdenklich in meinen Händen, "das hier ist das, was ich meinte. Schöne Handschrift, aber das war es dann auch ..." Traurig schüttelte ich den Kopf. "Wer bitte von Ihnen kennt eine Barbara?"
Stille.

"Was denn?" Ich sah, langsam einzeln die geradeaus gerichteten Köpfe abgehend, nach links und dann nach rechts. "Keiner der eine Barbara kennt?" Langsam nahm ich den Brief nach oben und roch daran. "Riecht gut, könnte aber auch ein Bob sein ... Also?"
Weiterhin Stille. Dann endlich:

"Hie-hier, Herr Feldwebel!", kam jetzt von links ein schüchternes Rufen.

Ich nickte.

"Na geht doch." Mit einer ungeduldigen Handbewegung winkte ich ihn ran. "Na hopp, nach vorne, Soldat!" Ich sah rüber zu Salzwedel. Der hatte sein Gesicht im Modus Nummer 7 – zur Faust geballt und verzog keine Mine. Ich sah zu dem, jetzt neben mir stehenden Soldaten und holte tief Luft.

"Also mein Junge", fragte ich, "wer ist Barbara?"

"Mei-meine Mama", stotterte der Soldat schüchtern und streckte bereits gierig die Finger nach dem Umschlag aus.

"Ihre Mama, ja?" Ich zog den Umschlag wieder ein Stück nach hinten. "Alles klar. Dann erklären Sie mal Ihrer Mama, dass ein weiterer Brief, wenn er dermaßen schlecht beschriftet ist, nicht nochmal durchkommt!" Und im nächsten Moment riss ich den Brief in vier Hälften und warf ihn vor dem Soldaten zu Boden. "Vielleicht beim nächsten Mal!", beendete ich dann lautstark meine Rede.

"Neeeein!" Der Soldat schrie laut auf. "Da, da waren hundert Euro drin!" Mit Tränen in den Augen fiel er auf die Knie und griff sich die Fetzen.

"Na, na, na, Junge ..." Grinsend zog ich den Originalbrief hervor. "Denken Sie wirklich, ich wäre so gemein?" Ich sah zu ihm runter. "Und wenn Sie mir jetzt keinen blasen wollen, dann zurück in die Reihe!"
Nun war der ganze Zug am Lachen. Selbst der Soldat, der eben fast noch geweint hätte. Und wie zu erwarten gab es in dieser Grundausbildung zukünftig bei Briefen auch keine falschen Empfängerbeschriftungen mehr oder fehlende Daten.

"Motivation durch Entsetzen!", wie mein alter Freund Volker Z. immer so gern sagte.

13 YEARS OF SERVICE

PER MATTHIAS GRIEBLER

"There is no hunting like the hunting of man, and those who have hunted armed men long enough and liked it, never care for anything else thereafter."
(Ernest Hemingway)

"Es gibt keine Jagd wie die Menschenjagd, und denen, die lange genug bewaffnete Menschen gejagt und es genossen haben, ist danach nie mehr etwas anderes wichtig."
(Ernest Hemingway)

Aaron Campbell, Mordkommission im Büro des Sheriffs von Polk County von 1998 – 2010, Beauftragter der praktischen Ausbildung beim Polizeikommissariat Tampa von 2010 – heute, ein Auslandseinsatz: UNMIK-Police (Kosovo) 2004 – 2006 als Führer einer gemischten Einheit der Grenzpolizei.

13 - Das erste Mal tut immer weh

Es hatte mich mal wieder auf den Balkan verschlagen und der Einsatz neigte sich dem Ende zu. Naja, eigentlich war noch ein voller Monat übrig, aber in Gedanken war eh schon jeder von uns daheim. Vor allem da vom deutschen Anteil der Task Force South heute bereits die offizielle Abschiedsparty angesetzt war. Vom Obergefreiten bis zum General war alles vertreten und wenn man sich die fröhlich lockere Vermischung der Dienstgrade mal so ansah, sollte man zu Recht vermuten, dass die zwei-Bier-pro-Abend-Regel unter der Hand, wohl temporär ausgesetzt war. Und als ich so da rum stand, mit meinem vierten oder fünften *zweiten Bier* fiel mir rechts eine Gruppe Feldjäger auf. Einige von ihnen kannte ich noch aus meiner Zeit als Hörsaalfeldwebel an der Schule für Feldjäger und Stabsdienst, unten in Sonthofen – ja, ein paar von ihnen hatte ich sogar selbst ausgebildet. Aktuell waren sie in diesem Kontingent als Personenschützer eingesetzt und heute Abend begleiten sie den Kommandeur der Deutschen Kräfte KFOR, welcher, wie ich nun sehen konnte, in ihrer Mitte stand und sich angeregt mit ein paar Stabsoffizieren unterhielt.

Ich trat näher und zückte dabei fast schon wie in Gedanken mein Döschen Schnupftabak. Zu meiner Entschuldigung, ich weiß wirklich nicht, wann ich zuletzt mal keines dabei gehabt hatte. Und außerdem, ein General stand noch nicht auf meiner Liste. Das war also die Gelegenheit! Außerdem hatten Volker, mein Kompanietruppführer im Inland und hier der aktuelle Kommandoführer des Personenschutzteams, und ich da eine kleine interne Wette laufen. Und die wollte ich keinesfalls verlieren.

Nachdem ich dann also ein Weilchen dort stand und dabei mehrfach, unter voller Ignoranz der von ein paar jungen Feldjäger Portepees ausgehenden Warn- und Abwehrgesten, im Bezug auf das, was ich da gerade hervorgeholt hatte – welche ich meinerseits aber bloß mit einem dünnen Grinsen beantwortete – die Dose in meiner Rechten hin und her gedreht hatte, wurde auch endlich Herr General auf mich aufmerksam.

"Oberfeldwebel!" Er sprach mich direkt an und trat einen Schritt auf mich zu. "Darf ich fragen, was Sie da haben?"

"Oh, das, Herr General?" Ich tat, als hätte er mich gerade völlig unvorbereitet ertappt. "Das, nun das ist der frische Dung einer jungen Elefantenkuh", antwortete ich dann, mein Grinsen nun vollends entfaltend und hielt das Döschen still, so dass er die Deckelprägung lesen konnte. "Frisch aus Südafrika! Einen besseren finden Sie nirgends!"

"Schnupftabak, ja?" Der General sah mich an und sein Personenschutzteam schlug die Hände über dem Kopf zusammen. Ich hatte ihn am Haken! Zeit für Schritt zwo.

"Jawoll, Herr General!", entgegnete ich nun lauter, dabei die Stiefelhacken zusammenschlagend. "Und es wäre mir eine Ehre, wenn ich das mal so sagen darf!"

"So verstanden, Herr Oberfeldwebel." Der General nickte. "Was genau muss ich tun?"

"Nun, Herr General", den Deckel der kleinen Plastikdose vorsichtig öffnend, zückte ich mein Messer, "mit Ihrem Einverständnis werde ich Ihnen gleich zwei kleine Stöße Schnupftabak auf den Handrücken legen – für jedes Nasenloch einen. Und nach einem Schnupfspruch nebst Anstoßen geht das Zeug dann nach oben."

"Nach einem Schnupfspruch?" Der General griff nach hinten und zog seinen, sich dort im Rücken einiger Anderer versteckenden, Adjudanten nach vorn. "Der Oberstleutnant ist auch dabei! Machen Sie weiter!" Nun, der Oberstleutnant hatte nicht den geringsten Hauch einer Chance. Und ob er nun wollte oder nicht, wie der General schon sagte – er war dabei. Und er sah nicht begeistert aus.

Vorsichtig verteilte ich jeweils einen kleinen Berg Tabak auf meiner, sowie auf den Händen meiner zwei Opfer. Anschließend trennte ich die Menge dann jeweils mit dem Messer behutsam in zwei gleichgroße Häufchen.

Dann folgte der Spruch. Mich meinem dienstgradlastigen Umfeld ein wenig anpassend, wählte ich hier eine Anlehnung aus der 'Blut und Eisen' Rede Otto von Bismarcks, welche er damals in ähnlicher Form vor der Budgetkommission des preußischen Abgeordnetenhauses gehalten hatte:

"Wenn sich ein friedestilles Volk umgeben sieht, von dunklen Ränken stets und von Gefahr;
wenn jedwed freundlich Gutwort und Händereichen auch umsonst nur war;
dann werden diese Worte sich beweisen;
dann löst die Frage nur noch: Blut und Eisen!"

Das was folgte, waren sechs kurze Schniffgeräusche. Und wow, ich war erstaunt, der General nahm es wie ein echter Mann. Kein offensichtliches Tränchen, kein Husten oder Würgen, kein Nieser. Und er posierte sogar noch für ein Erinnerungsfoto mit mir. Ja, Volker schuldete mir nun einige Kaffee! Anders der Oberstleutnant. Er nieste, als wolle er den Teufel persönlich damit ganz alleine zurück in die Hölle treiben und die nächsten vier Wochen, nun wenn ich sage, dass er mir bloß aus dem Weg ging, dann wäre das untertrieben. Doch damit war die Geschichte noch nicht vorbei.

Etwa zwei Jahre später war ich, im Rahmen einer Kommandeurstagung, im Bereich der Lobby eines hier ungenannten, aber äußerst feinen Moselhotels eingesetzt, als ich plötzlich von rechts jemanden auf mich zukommen sah, der mir bekannt vorkam. Herr General, kein Zweifel.

"Oh oh", raunte ich leise in Richtung meiner Streifenbegleiterin und rückte mir die Krawatte meines Dienstanzuges zurecht. "Den dort kenne ich …"

"Bitte?" Kerstin sah mich irritiert an. Schon war er auf unserer Höhe.

"Herr General!" Die Fingerspitzen zum Gruß an die Schlefen und die Hacken zusammenschlagend nahmen wir Haltung an. Er lief an uns vorbei. Doch nach etwa vier Schritten hielt er inne und blieb stehen. Er schien nachzudenken. Schließlich drehte er sich um und kam auf mich zu. Ganz dicht näherte er sich mit seinem Gesicht dem meinen. Stille.

"Sind Sie das etwa, Oberfeldwebel?", fragt er dann leise und knurrend.

"Jawoll, Herr General!" Ich nickte, ohne auch nur eine Mine zu verziehen.

"Und?" Er sah an mir unter. "Haben Sie es dabei?"
Ich grinste.

"Natürlich, Herr General!" Mit dem Daumen der Linken, welche unterhalb meiner Pistolenkoppel an der Hosennaht anlag, klopfte ich leicht auf meine Tasche. "Möchten Herr General ein Näschen?"
Erneute Stille.

"Gott bewahre!", antwortete der General dann und er trat wieder einen Schritt nach hinten. Er sah mich und Kerstin eindringlich an. "Rühren, Soldaten!" Dann stapfte er davon.

"Ich bin hier, ich meine, falls Sie es sich noch anders überlegen!", rief ich ihm feixend nach.

Im Ernst? Ich liebe es, wenn sich einzelne meiner Opfer an ihre Schnupftabak-Entjungferung erinnern!

Der von meinem Freund Thoralf und mir kreierte Snuff Badge von 2008.

"It's never a good thing to see a bunch of officers in a group without adult supervison."

"Es heißt nie etwas Gutes, eine Gruppe von Offizieren ohne Erwachsenenaufsicht zu sehen ..."

Stabsunteroffizier Eric Douglas, United States Army,
ein Auslandseinsatz in den Irak (OIF) FOB Kalsu von Dezember
2007 – März 2009, aktuell 8 ½ Dienstjahre und fortlaufend.

14 - Alles für den Dackel, alles für den Club

Ich denke, es war irgendwann im Sommer 2007, ich war gerade im Begriff den Zahlencode für die Öffnung der Kompanieeingangstür einzutippen, als selbige im gleichen Augenblick von innen geöffnete wurde, mein Chef mich am Arm packte und ohne Vorwarnung zu sich hinein zerrte.

"Sie müssen mir helfen!", flüsterte er dabei hektisch, mich wie einen Einkausbeutel hinter sich her, die Treppen rauf, in sein Büro ziehend. Zugegeben, Hauptmann M. war schon immer etwas komisch, aber heute …

"Er ist da!" Verschwörerisch schloss er die Bürotür hinter sich.

"Er?" Ich sah ihn irritiert an. Ob er Schulden bei der Russenmafia hatte? Dann fiel der Groschen.

"Ach er!", wiederholte ich. "Sagen Sie bloß, der ist schon hier? Wow, das nenne ich mal überpünktlich." Ja, fast war es mir entfallen. Der Nachbrenner der letzten TE-Runde[7]. Ein US-Amerikanischer Hauptmann der im Rahmen eines Austauschprogramms für zwei Wochen das Bataillon besuchte. Jede der fünf Kompanien hatte ihn drei Tage bekommen, und wir, die 3./251, allem Anschein nach wohl heute – an einem Freitag. Ganz großes Kino. In Farbe und bunt!

"Er sitzt bereits vorne im Café 5." Mein Hauptmann atmete tief durch. "Gehen Sie runter und unterhalten Sie ihn!" Er deutete auf ein Wirrwar von Folien und Flip-Charts. "Ich brauch' hier mit dem LVU[8] noch ein paar Minuten!"

Und so kam es also, dass ich Captain Russell noch vor allen anderen in der Kompanie traf. Und während wir bei einem

---

[7] Teileinheitsführer-Runde
[8] Lagevortrag zur Unterrichtung

Kaffee darauf warteten, dass mein Chef seinen Puls wieder unter Kontrolle bekam und uns in sein Büro hoch rief, freundeten wir uns schon mal an. Russell war ein klasse Kerl, das merkte ich sofort. Und anders als hier in Deutschland möglich, war er allem Anschein nach so etwas wie ein aktiver Reservist. Und ich meine richtig aktiv, denn seine Wehrübung lief nun bereits seit über zweieinhalb Jahren. Viel Zeit um sich fortzubilden. An diesem Freitag kamen dann, neben einem interessanten Einblick in das neue Präzionsschützenwesen der Bundeswehr, der Dienst der Erheber und Ermittler und die Aufgaben der Eskortentruppe dazu — und ich war immer hautnah dabei. Entweder als Übersetzer, oder einfach nur, damit der Captain sich nicht ganz so einsam fühlte. Und als es dann gegen 13:00 Uhr auf meinen Dienstschluss zu ging, zog mein Chef mich ein weiteres Mal zur Seite.

"Und, Oberfeldwebel?" Fragend sah er mich an. "Haben Sie sich mit Ihrem neuen Streifenpartner schon angefreundet?"

"Mit meinem — alles klar." Ich nickte. Somit hatte er ihn dann auch die nächsten 24 Stunden unter. Ich war von Samstag auf Sonntag Feldjäger vom Dienst, und wie sonst konnte er einen besseren Einblick über den Inlands-Dienstbetrieb einer deutschen MP-Station kriegen?

"So verstanden, Herr Hauptmann. Und wie sieht Ihr Plan sonst noch so für ihn aus heute?"

"Heute? Naja", mein Chef sah auf die Uhr, "Sie holen ihn am besten gegen 18:00 Uhr ab. Meine Frau richtet das Essen für halb sieben." In Gedanken schon sichtbar daheim zückte er seine Wagenschlüssel. "Sie wissen ja wo ich wohne und Sie sind natürlich ebenfalls eingeladen!" Und schon machte er auf den Hacken kehrt.

"Auch das hab ich verstanden, Herr Hauptmann!", rief ich ihm nach. Dann rollte er, seinen typischen Tunnelblick aufgesetzt, vom Hof.

Pünktlich um 18:15 Uhr fuhren Captain Russell und ich dann bei ihm vor. Seine Frau hatte etwas aus ihrer Heimat gekocht. Ich weiß nicht mehr genau was, aber es war bulgarisch und verdammt lecker. Dazu gab es Bier vom Faß – auch schon weil es meinem Chef damit gelang, seinen leicht hyperaktiv agierenden kleinen Sohn ein wenig runterzukühlen. Mit jedem Schluck wurde der ein bißchen ruhiger. Gegen 20:30 Uhr – mein Chef und seine Frau waren gerade in der Küche und bereiteten den Nachtisch vor – beugte sich Russell zu mir rüber.

"Hey Bud", fragte er. "Can we go to some bar later[9]?"

"To a bar? Seriously, Sir[10]?" Ich sah ihn an. Der wollte ernsthaft einen Heben gehen. Mit mir! Nur wie sollte ich das machen? Ich hatte ab 06:30 Uhr in der Früh schließlich Dienst!

Eine Stunde später saßen wir im Taxi Richtung Koblenzer Altstadt. Ja, ich weiß, was man jetzt denken könnte. Sehr wankelmütig, der Kamerad. Aber das stimmt nicht! Ich bekam einen direkten Befehl! Kaum hatte mein Chef nämlich vom Wunsch seines Gastes erfahren, steckte er mir Geld zu und sagte wortwörtlich:

"Sehr gut! Dann gehen Sie! Hauptsache der Mann ist glücklich! Umso besser stehen wir vorm Bataillon da!" Politik.

Das Taxi bog in den Entenpfuhl, die Koblenzer Partymeile ein. Ein Freifahrtsschein zum Trinken – sehr schön. Aber ich hatte mir natürlich vorgenommen, nicht zu übertreiben. Schließlich war da noch mein Dienst und das wollte ich nicht vergessen.

---

[9] "Hey Kumpel, ob wir wohl noch in eine Bar gehen können?"
[10] "In eine Bar? Ernsthaft?"

PER MATTHIAS GRIEBLER

Fünf Cocktails und ein paar Kurze später. Der Captain und ich waren in Höchstform. Wir hatten uns für das Sugar Ray's entschieden. Eine amerikanische Whiskey-Bar am Münzplatz und seit diesem Abend meine erklärte Stammkneipe. Zum wummernden Sound von Amerikanischer Country Music und umringt von jungen Studentinnen und zudem immer eine frische Five Dollar Bitch in der Hand – damit ist übrigens der Drink und nicht etwa eine Auswahl des weiblichen Publikums gemeint, und vermutlich rührt der Name daher, das da wirklich von allem etwas drin ist, nur eben nichts alkoholfreies – ließen wir die Kuh fliegen. Aber auch die beste Party ist mal vorbei und nach einem höllischen Saufgelage erreichten wir wieder die Kaserne. So um drei Uhr morgens etwa. Okay, vielleicht war es auch halb vier. Mein Zeitgefühl war da wo meine Leber war – im Arsch.

Den Captain auf meinem Rücken ritt ich durchs Tor und bis ins Feldjägerdienstkommando rein. Dort stieg er dann zur Freude meiner Wirbelsäule ab und mit einem: "Jihaaa, thanks for a great party, Buddy[11]!", verschwand er gröllend in Richtung seiner Stube.

"Was bitte war das denn gerade?" Drei entsetzte Augenpaare starrten mich an. "Du, du bist betrunken", bemerkte dann der aktuelle Feldjäger vom Dienst voller Scharfsinn.

"Na, dann sollte ich vielleicht unterschreiben solang ich noch dazu in der Lage bin ...", murmelte ich, mir dabei durch den Schritt kratzend und suchte meinen Weg um das Pult herum. Auf die Knie sinkend, wir erinnern uns an den Sommer 2000[12], unterschrieb ich das Dienstbuch. Damit war ich zwar drei Stunden zu früh, aber ich hatte übernommen.

---

[11] "Danke für eine großartige Party, Kumpel!"
[12] Siehe # 05 - Tequila Sunrise

"Ich bin dann in Zelle drei", murmelte ich noch. "Sagt meiner Schicht sie kann mich mal! Gute Nacht!" Und mit diesen Worten bog ich schwankend und wirr vor mich hin lallend den Gang rechts herum in Richtung unserer dort verbauten zwei 'Gästezimmer' ein.

Wach wurde ich irgendwann am frühen Nachmittag, als mir mein Kamerad Hardock einen Kaffee unter die Nase hielt. Der war so stark, dass der Löffel aufrecht darin stand. Aber es war auch bereits kurz nach Drei. Und mein Chef, der war auch schon dagewesen.

"Alles für den Dackel, alles für den Club", war jedoch alles, was er wohl gesagt haben soll. Und ich übertreibe nicht, wenn ich sage, dass das noch sehr, sehr lange 15 Stunden bis zur Ablösung wurden. Aber bereut habe ich nichts. Wie oft in einem Soldatenleben kriegt man schon mal solche Befehle?

"Be true to your work, your word, and your friends."
(Henry David Thoreau)

"Sei deiner Arbeit, deinem Wort und deinen Freunden treu."
(Henry David Thoreau)

Feldwebel Lori Leigh Anstey, United States Army,
ein Auslandeinsatz in den Irak im Rahmen der Operation
Iraqi Freedom, ein Auslandseinsatz nach Bosnien und
einer nach Guam, aktuell 19 ½ Dienstjahre und fortlaufend.

15 - Nichts zu verzollen

Manchmal werde ich gefragt, was eigentlich das Coolste daran ist ein MP zu sein. Ganz ehrlich? Das Coolste daran *ist* MP zu sein! Ihr kennt doch sicherlich alle das Sprichwort 'Niemand fickt die Ficker'? Das gibt es nicht umsonst! Natürlich, ich habe meine Grenadierzeit geliebt und sie hat mich auch nachhaltig geprägt. Aber die Feldjägertruppe ist eben doch etwas ganz anderes. Und für die Zweifler: Wo sonst bitte kann man einem Oberst mal eben den Mund verbieten – als Oberfeldwebel? Und was die Aufgaben angeht, es ist so viel mehr als die Jagd nach eigenmächtig abwesenden Soldaten oder Verkehrskontrollen. Jobs, die einem als Portepee mehr und mehr Verantwortung übertragen, aber gleichzeitig auch eine Menge Unterhaltung bieten. Zum Beispiel die Personenschutzsparte.

Wir hatten mal wieder ein paar Russen im Rahmen einer KSE[13]-Inspektion begleitet und waren gerade wieder zurück in Frankfurt/Oder, von wo aus die Delegation mit einem gepanzerten Armeezug, durch Polen hindurch, zurück nach Moskau reiste. Die Woche war lang und mühsam gewesen und wenn ich behaupte, eine Horde Erstklässler sei einfacher zu hüten, dann ist das keine Untertreibung. Vor allem auch weil ich mal davon ausgehe, dass sich der Promille-Wert in städtischen Grundschulen doch weitestgehend noch bei Null bewegt. Das hoffe ich zumindest. Aber wir hatten es geschafft und nach einer herzlichen Verabschiedung am Bahnsteig, sahen wir nun den Zug aus dem Bahnhof rollen. Einsatz beendet.

---

[13] Konventionelle Streitkräfte Europas

"Na dann wollen wir mal", murmelte Ingo, mein Kommandoführer und schniffte sich eine Portion Gletscherprise durch die Nase. "Noch 1100km bis zum Dienstschluss."

"1100." Daniel, mit mir der andere Oberfeldwebel in unserem vierköpfigen Team, nickte. "Aber wo wir doch schon mal da sind, Ingo, können wir da nicht noch gerade ein paar Zigaretten mitnehmen?"

Nun, es war 2005 oder 2006, ich weiß es nicht mehr genau. Aber definitiv war die polnische Grenze noch nicht in Richtung Europa geöffnet und der Preis bei einer Stange Marlboro lag somit noch bei schlanken 10,- Euro.

"Klingt nach einem Plan, Daniel." Ingo nickte. "Was meint ihr, Jungs? Auf die paar Minuten länger kommt es ja nun auch nicht mehr an."

Und das war der Moment, in dem der Spaß los ging. Der nächste Duty-Free Laden lag auf der anderen Seite der Stadtbrücke, in Slubice, Polen. Wir sprangen also in unseren schwarzen 5er BMW und fuhren Richtung Stadtbrücke. Als wir dann nur noch etwa 500m vom internen Sicherheitsbereich des dortigen Grenzübergangs entfernt waren, schaltete Ingo das Blaulicht ein, und so fuhren wir direkt vor die Brücke und da dann unmittelbar vor das Kontrollbüro der dort stationierten Bundespolizei. Dann kam der nächste Schritt unserer 'Show of Force'. Zeitgleich öffneten wir die Türen, stiegen aus und zogen unter unseren Jacken unsere Waffen hervor, welche wir dann sogleich Scholz, unserem vierten Mann, in seine ausgebreiteten Arme legten. Zwei MP5, drei P8, ein paar Funkgeräte und Pfefferspray. Die Augen der Bundespolizisten wurden immer größer. Und schon liefen Ingo, Daniel und ich an ihnen vorbei in Richtung Grenzübergang.

"Wir sind gleich zurück!", rief Ingo ihnen zu. "Merkt euch einfach für fünf Minuten unsere Gesichter!"

Sekunden später passierten wir dann die polnische Kontrolle und die Jungs dort blickten uns nicht weniger sprachlos an. Auch sie hatten unsere kleine Aktion auf deutscher Seite ohne Zweifel mitbekommen. Auf unsere leeren Holster und die noch in unserem Rücken baumelnden Handschließen starrend, ließen sie uns ohne Überprüfung an ihnen vorbei laufen. Und nach einer kurzen Einkehr im nächsten Tabakladen, etwa 50m hinter der Brücke gleich links, machten wir uns auch schon, jeder bewaffnet mit zwei Stangen Zigaretten, wieder auf den Rückweg. Ein weiteres Mal ohne Kontrolle, sowohl auf polnischer, als auch auf deutscher Seite. Wir warfen die Zigarettenstangen in unseren Kofferraum, bewaffneten uns wieder und stiegen ein. Das Blaulicht an, ein kurzer Vollgasschub in Neutralstellung, dann den Gang rein und mit quietschenden Reifen, eine 180-Grad-Drehung inklusive, rasten wir wieder davon. Noch 1100km bis zum Dienstschluss.

Was die Grenzebeamten gedacht haben – keine Ahnung. Eine gute Show haben wir ihnen definitiv geliefert. Und das war die Hauptsache. Wie ich schon sagte, ein MP zu sein ist ziemlich cool!

"L.T.F.D – Living the fucking dream ..."

"Lebe den verdammten Traum ..."

Unteroffizier (w) Kirsty Lewis, Königlich Britische Militärpolizei, aktuell 6 ½ Dienstjahre und fortlaufend.

16 - Funkdisziplin

Eine weitere Erinnerung, aus meinem ersten Jahr in der Bundeswehr.

Koblenz, Heimat der Infanterie, und ein Ort, den ich wohl Zeit meines Lebens niemals vergessen werde. Es war im Januar 1999 und ich hatte gerade erst meine eigene Grundausbildung hinter mich gebracht.

Steve, der damalige Hilfsausbilder der II. Guppe und ich, nun selbst Hilfsausbilder, waren im IV. Zug der 2./342 geblieben und durften nun, an der aktuellen Grundausbildung und Seite an Seite mit unseren alten Ausbildern zeigen, ob wir selbst auch das Zeug zum Unteroffizier hatten. Was die anderen Ausbilder anging, da hatte sich personel nichts geändert und auch der Zugführer, Hauptfeldwebel Feling, Spitzname Kippe, war immer noch der gleiche. Was allerdings interssant war, ihn mal aus einem anderen Blickwinkel zu sehen.

Die ersten sechs Wochen vergingen wie im Flug und ich lernte von meinen damaligen Ausbildern eine Menge – fast mehr, als ich damals in meiner eigenen Grundausbildung mitnahm. Und vor allem mache es mir auch viel mehr Spaß! So freute ich mich auch, trotz der winterlichen Temperaturen, diesmal auf das bald anstehende erste Rekrutenbiwak. Und als es soweit war und wir am frühen Morgen begannen unsere Zelte auf dem nahe gelegenen Standortübungsplatz aufzuschlagen, war ich voller Euphorie.

Und nicht nur ich, auch der Zug war trotz der eisigen Kälte voller Tatendrang. Zelte, Wassergräben, Feuerstellen, Schützenstellungen, Alarmposten, Donnerbalken, Tarnwände – bereits zum Mittag war alles aufgebaut und ausgehoben. Und als die Nacht hereinbrach oblagen die ersten Kontrollen uns, sprich Steve und mir. Die anderen Ausbilder hatten sich in das

Zugführerzelt zurückgezogen und lauschten dort dem leisen Knistern des mitgeführten Kaminofens. Der Nachtalarm war für 02:00 Uhr angedacht und schon jetzt freute ich mich auf die entsetzten Gesichter der Rekruten. Ich konnte mich noch zu gut an meinen eigenen ersten Nachtalarm erinnern und wie ich damals dachte: 'Das kann jetzt nur ein böser Scherz sein' und dann durch den damaligen Stabsunteroffizier Jäger mit den Stiefeln voran aus dem Zelt geschleift wurde.

Ich stapfte also, bewaffnet mit meinem Gewehr G3 und dem SEM52[14], durch den Schnee und genoß die noch herrschende Stille und Dunkelheit, als plötzlich eine leise quäkende Stimme aus meinem Funkgerät heraus ertönte:

"Gitti ..."

Ich musste grinsen.

"Gitti ..." Erneut.

Schwenke, kein Zweifel. Aufgrund der damals im Fernsehen aktuell laufenden Bullyparade und der dortigen Parodie auf Raumschiff Enterprise, hatten wir öfter diesbezüglich rumgescherzt. Schmunzelnd betätigte ich den Funktaster.

"Spucki ...", antwortete ich nun mit künstlich verstellter hoher Stimme und, so gut ich es hinbekam, einem leichten österreichischen Akzent.

Nun, die Zeit verging und es gab mehr als 20 oder 40 Spucki- und Gitti-Anrufe. Keine Ahnung wie das insgesamt klang, aber es bescherte uns in diesem Moment einen Heidenspaß. Eine Stunde später wurde durch Hauptfeldwebel Feling der Nachtalarm ausgelöst.

Das ganze lief insgesamt ziemlich gut und als dann, knapp 40 Minuten später die Rekruten wieder in ihren Schlafsäcken

---

[14] das Sender/Empfänger, mobil 52 S, kurz SEM 52 S; ein 1984 in die Bundeswehr eingeführtes Handsprechfunkgerät mit einer Maximalreichweite von ca. 2,5km

lagen, vermutlich zitternd und immer noch aufgeregt, trafen wir uns alle im Zugführerzelt zur Nachbesprechung.

"Gefreiter Schwenke, Panzergrenadier Griebler." Feling sah uns nickend an, als wir das kuschelig warme Zelt betraten.

"Männer." Mein eigener alter Ausbilder, Stabsunteroffizier Markus Schmid und Jäger grinsten sich an. "Oder sollten wir vielleicht lieber Gitti und Spucki zu euch sagen?" Ihr Grinsen wurde breiter und Schwenke und ich wären am liebsten im Erdboden versunken.

"Klasse Show, Jungs!", lachte nun auch der Hauptfeldwebel. "Wer hätte dabei schlafen können!"

Tja, das war die Geschichte von Gitti und Spucki. In der Zukunft überprüfte ich eingestellte Funkkanäle immer zweimal und vor allem vergewisserte ich mich, dass nicht noch irgendwo im Zuggefechtsstand ein eingeschaltetes SEM80/90[15] herum stand. Peinlich.

---

[15] Das SEM 80 ist ein mobil verwendbares, aber eigentlich vorwiegend in Fahrzeugen verbautes leistungsstarkes Truppenfunkgerät; mit zusätzlicher Baugruppe Leistungsverstärker LV-90 entsteht aus dem SEM 80 das SEM 90.

13 YEARS OF SERVICE

Some other radio traffic:

Waltho: "Night Train, this is 2-3."
Night Train: "Send it 2-3!"
Waltho: "Permission to return to station reference personal relief."
Night train: "Negative."
Waltho: "What do you want me to do, piss my pants?"

Funkverkehr:

Waltho: "Night Train für 2-3."
Night Train: "Hört!"
Waltho: "Bitte um Erlaubnis zwecks persönlicher Entlastung zur Wache zurückzukehren."
Night Train: "Negativ."
Waltho: "Was wollt ihr? Dass ich mir in die Hosen pisse?"

Stabsunteroffizier Darren Black, United States Army Militärpolizei von 2005 – 2013, ein Auslandseinsatz im Rahmen der Operation Iraqi Freedom (OIF) von 2007 – 2009.

17 - Lehrer sein dagegen sehr ...

Ebenfalls ein Vorteil, den man als Feldjäger, gegenüber anderen, regulären Truppenteilen genießt, ist die freie Gestaltung der Pausenzeiten. Anders wäre es in einem Dienstgebiet mit einer Größe von annähernd etwa 20.000km² allerdings auch nur schwer machbar. Zu dieser Zeit, Mitte 2009, noch unzählige Kasernen, Übungsplätze, marschierende Truppenteile und meist nur drei oder vier Feldjägerstreifen um den ganzen Bereich abzudecken. Aber wenn man es schlau anstellte, konnte man das Maximale aus seiner Schicht rausholen – ohne die Hälfte der Zeit auf der Autobahn zu verbringen. Ich für meinen Teil habe auch schon Verkehrskontrollen um 03:00 Uhr nachts durchgeführt – und das mit Erfolg.

Wenn ich allerdings Tagdienst hatte, begann ich den Tag am liebsten mit einem gepflegten 08:00 Uhr Kaffee bei meinem alten Freund und Kameraden Joe Huber, der drüben in der Nachbarkaserne als Fahrlehrer und Technikprüfer seinen Dienst verrichtete. Und als wir eines Tages mal wieder so da saßen, unseren Kaffee tranken und dummes Zeug redeten, kam plötzlich ein anderer Fahrlehrer aufgeregt hinzu. Er und Joe tauschten hastig ein paar Worte aus, woraufhin Joe dann verärgert den Rest seines Kaffees in einem Zug nach hinten kippte und sagte:

"Sorry Jungs, aber die Arbeit ruft. Einer unserer Problemfälle."

"Problemfälle?" Ich sah ihn fragend an. Das klang jetzt spannend. Joe und ich hatten uns in der Vergangenheit schon öfter ein Späßchen daraus gemacht, den Soldaten die als Fahrschüler zu ihm kamen, auf recht subtile Art und Weise die rechte und linke Grenze vorzugeben. Ob ich nun wie beiläufig, und zusätzlich mit einer MP bewaffnet, mal im Unterrichtsraum auftauchte und mit barschem Unterton fragte, ob ein gewisser Hauptfeldwebel Huber dort seinen Dienst verrichtete, oder ob ich bloß mal draußen bei den Schleppdächern auftauchte und er mich nach einem kurzen, gespielten Wortgefecht vor den Augen seiner Soldaten zu einer Prise Schnupftabak nötigte – natürlich mit dazugehörigem Schnupfspruch und Messer. Bei alle sechs Wochen wechselnden Lehrgängen konnte man sich solche Scherze erlauben. Und die in der Truppe kursierenden Gerüchte über diesen 'einen bestimmten Hauptfeldwebel' aus Lahnstein wurden dadurch nicht weniger.

"Naja", antwortete Joe. "Er ist nicht wirklich ein Fan von Autorität und jetzt soll ich wohl mit ihm fahren – so als letzter Versuch. Sonst werden wir ihn wohl oder übel vom Lehrgang ablösen müssen."

"Klingt interessant. Dienstgrad?" Mein Blick wechselte nun zwischen Joe und dem anderen Fahrlehrer hin und her.

"Obergefreiter. Und er kennt mich noch nicht persönlich, falls du das jetzt meinst", antwortete Joe dann grinsend, haarscharf meine Gedanken lesend.

"Also dann ..." Ich leerte meinen Kaffee ebenfalls. "Hintsche?" Fragend sah ich zu meinem Streifenbegleiter. "Lust auf eine Runde Spaß?"

"Jawoll, Herr Oberfeldwebel! Immer, Herr Oberfeldwebel!", kam die prompte Antwort.

"Sehr schön. Joe", ich streckte meine Hand aus, "gib mir all deine Papiere bitte. Und Hintsche. Sie sagen nichts, nur ein ernstes Gesicht bewahren, alles klar?"

"Jawoll, Herr Oberfeldwebel." Mein Unteroffizier nickte.

"Und?" Ich sah wieder zu dem anderen Fahrlehrer. "Wo ist das Problemkind jetzt?"

"Der wartet am Lkw draußen." Der Oberfeldwebel popelte sich in der Nase. Irgendwie schien er gerade auf dem Schlauch zu stehen. "Soll ich ihm jetzt nun sagen, dass du übernimmst, Joe?"

"Ja, sollst du." Joe nickte. "Aber sonst sagst du nichts. Antworte einfach gleich auf unsere Fragen, okay?" Er zwinkerte ihm verschwörerisch zu.

Als wir dann drei Minuten später in Richtung des Lkws gingen, Hintsche links, ich rechts und Joe in unserer Mitte, wartete der andere Fahrlehrer mit dem sogenannten Problemkind bereits am Fahrzeug.

"Guten Morgen, Oberfeldwebel!" Ich salutierte. So, als hätte ich Joes Fahrleherkollegen bis dato noch nicht gesehen. "Ich habe gehört, Sie hätten einen familiären Notfall und Hauptfeldwebel Huber hier ist der Einzige der Ihre Fahrt hier übernehmen kann?", fuhr ich dann fragend und mit betont gleichgültiger Stimme fort. "Stimmt das so, ja?"

"Ähem ja, das ist richtig so", antwortete der Oberfeldwebel nach einer kurzen Denkpause.

"Okay." Ich holte tief und hörbar Luft. "Das stellt mich jetzt vor ein ernsthaftes Problem. Aber gut." Ich sah zu dem Obergefreiten der gelangweilt am Lkw lehnte. "Die Ausbildung eines jungen, wissbegierigen Kameraden geht natürlich vor!" Mein Blick wechselte wieder zu Joe. Der sah aus, als ob er gleich brechen müsste.

"Das höchste Gut, dass wir als Portepee leisten können, Hauptfeldwebel! Richtig?"

Leises Grummeln.

"Hintsche!" Ich schnippte mit den Fingern. "Geben Sie dem Mann seine Papiere zurück!"

"Jawoll, Herr Oberfeldwebel!", antwortete Hintsche zackig und schlug die Hacken zusammen. "Also da hätten wir: Ihren

Truppenausweis, Dienstführerschein der Bundeswehr, Fahr- und Prüflizenz der Bundeswehrkraftfahrtschule und Ihr Fahrtennachweisheft." Er gab ihm alles einzeln.

"Ist das dann alles?" Joe steckte die Sachen schnufend in seine Brusttasche und sah uns an.

"Nicht ganz, Hauptfeldwebel", entgegnete ich und trat näher, so dass sich Joes und meine Nasenspitze nun fast berührten. Gott war das schwer in dieser Situation ein ernstes Gesicht zu behalten.

"Das war das letzte Mal", fuhr ich dann mit ermahnender Stimme fort. "Heute um 17:00 Uhr auf dem Feldjägerdienstkommando. Freiwillig. Haben Sie das verstanden?"

Nichts. Nur erneutes Grummeln.

"Ich kann Sie nicht hören, Hauptfeldwebel!" Ich drehte meinen Kopf bei, so dass mein Ohr jetzt direkt vor seinem Mund lag.

"Ja, ich habe verstanden", grummelte Joe jetzt.

"Ja, ich habe verstanden, Herr Oberfeldwebel!", ermahnte ihn nun Hintsche, sich von der Seite her einmischend.

"Halt die Schnauze, Milchgesicht ...", zischte Joe, "oder ich stopfe sie dir." Dann sah er zu seinem Fahrschüler. Der lehnte mittlerweile gar nicht mehr so entspannt am Fahrzeug. Das gerade vor ihm stattfindende Schauspiel schien ihn doch ein wenig zu überfordern.

"Können wir?" Joe spuckte ihm zwischen die Stiefel. "Ich kann den verdammten Motor noch nicht brummen hören."

"Hauptfeldwebel!", rief ich noch mal und sah ihm zu, wie er nach oben in die Fahrerkabine kletterte. "Keine weiteren Eskapaden! Wir sehen uns um 17:00 Uhr!" Dann rollte er vom Hof.

Ein paar Tage später fragte ich Joe neugierig, wie die Fahrt denn so gelaufen sei.

"Sehr entspannt, wirklich, Per", antwortete der bloß und grinste dabei breit. "Aber weißt du, jedesmal wenn ich den Jungen ansah, begann er ein wenig zu zittern. Keine Ahnung weshalb ..."

"If you want sympathy from me, grab a Webster's dictionary and look between shit and syphilis, because that is the only place you will find it here."

"Wenn du Sympathie von mir willst, greif dir einen Webster Duden und schlag zwischen Scheisse und Syphilis nach, denn das ist der einzige Ort, wo du sie hier findest."

Oberfeldwebel Darrin W. Freeman, United States Army Militär-polizei, eingetreten am 18. September 1990, verabschiedet am 31. Januar 2011, ein Auslandseinsatz nach Bosnien im Jahr 2004.

18 - Sag's doch einfach mal auf Hochdeutsch ...

... vor allem als Teilnehmer einer Internationalen Schießveranstaltung! Nicht, dass ich grundsätzlich Probleme damit habe, wenn jemand in seiner Mundart spricht – bitte nicht falsch verstehen! Deutschland hat sehr viele und auch viele schöne Dialekte – ich persönlich mag jetzt das Schwäbische nicht ganz so sehr, aber das hat eher mit einer vergangenen Liebschaft zu tun. Kerle klingen damit schon wieder irgendwie putzig. Man kann sie halt nur einfach nicht so richtig ernst nehmen mit dem ganzen *hascht*, *kannscht* und *weischt*.

Der eigentliche Grund, warum aber gerade bei der Armee Hochdeutsch gesprochen werden sollte, ist jedoch um gewissen Misverständnissen bei der Befehlsgebung vorzubeugen. Schon damals, 1999 auf der Unteroffiziersschule in Weiden stand ich manchmal bloß mit offenem Mund da, wenn mir mein ur-bayerischer Ausbilder etwas im *weiß-ich-doch-nicht-was-der-von-mir-will-Stil* entgegenbrüllte. Und wenn wir dann alle mit Anlauf die Staumauer runtersprangen, obwohl er uns nur zur Mittagspause gerufen hatte, war das in gewisser Weise schon leicht kontraproduktiv. Die Erfahrung von der ich allerdings in dieser kleinen Kurzgeschichte erzählen möchte, reicht zurück ins Jahr 2008 und trug sich während meines damaligen Balkan Einsatzes zu.

An diesem bestimmten Tag hatten wir den Auftrag erhalten, im Rahmen der Internationalen Verständigung für unsere Alliierten einen Schießwettbewerb auszurichten und hierzu boten wir unter anderem auch den Erwerb der deutschen Schützenschnur an. So weit, so gut. Dumm nur, dass laut Chef die Wahl unseres Ablaufoffiziers auf unseren Süd-Sachsen gefallen war. Warum, das sollte jedem gleich klar werden.

Auch denen die nicht um die leichte *u* oder *a* Schwäche der Jungs aus dem Erzgebirge wussten.

Irgendwann gegen Mittag tauchten dann die Amerikaner aus Camp Bondsteele auf. Eine ausgewählte Gruppe von fünf Mann und einer muskulöser als der andere. Und wer dachte, mehr gebündeltes Eiweiß und Proteine auf zwei Beinen geht nicht mehr, den belehrte der First Sergeant, das Äquivalent zu unserem Spieß, eines besseren. Ein großer schwarzer Hüne mit Armen wie Rambo und einem Körper wie Mike Tyson.

Fröhlich gelaunt, die roten Sicherheitsoffizier-Armbinden angelegt, lief unser Sachse auf sie zu. Und dann geschah es:

"Hello **Gays**, how are ya[16]?"

Nun, Aussprache hin oder her. Aber vielleicht wären Testdurchläufe in solchen Fällen gar nicht mal schlecht. Bloß ein Tipp für die Zukunft.

"Quotation is a veritable substitute for wit."
(Oscar Wilde)

"Zitieren ist ein nützlicher Ersatz für Verstand."
(Oscar Wilde)

Feldwebel (w) Adrienne M. Burns, United States Army
Pressestelle, aktuell knapp 6 Dienstjahre und fortlaufend.

---

[16] "Hallo ihr Schwulchen, wie geht es euch?", anstelle von: "Hallo Jungs (Guys), wie geht's euch?"

19 - Stumpf ist Trumpf!

Für's Protokoll: Es gibt bloß zwei Gründe, warum man einen General Kumpel oder Chef nennen darf – abgesehen davon, dass man ihn mit einem zweitklassigen Rollenspieler im Lagetraining verwechselt. Erstens, du hast mit ihm vor tausend Jahren zusammen die Schulbank gedrückt und er hat dauernd von dir abgeschrieben, was bedeutet, ihr kennt euch schon euer ganzes verfluchtes Leben. Oder Zweitens, du bist ebenfalls ein General, was dich dann zwangsläufig als einen echt männlichen Bastard mit Eiern aus Stahl klassifiziert. Der General um den es in dieser Geschichte geht, hatte ebenfalls ein paar Eier aus Stahl, aber eigentlich war er gar kein richtiger General, sondern Hauptfeldwebel. Und der Grund für seinen schnellen Aufstieg, war die gerade mal eine Woche zurückliegende Ernennung des neuen Verteidigungsministers. Doch alles schön der Reihe nach.

Wie alle Gedienten sicherlich wissen, wird jedesmal, wenn einer der oberen Zenhtausend geht oder ein neues Amt antritt, Himmel und Hölle in Bewegung gesetzt um den Märchenwald noch märchenhafter erscheinen zu lassen. Bei Kommenden schlimmer als bei Gehenden. Und auch in diesem Fall hieß das Zaubertwort ganz klar Klotzen, nicht Kleckern. Eine Leistungsshow vom feinsten stand an, und wir waren mittendrin. Und während jeder einzelne Strang der SKB[17] sich auf seinen kleinen Auftritt im großen Ganzen vorbereitete, machte sich etwas abseits vom ganzen auch ein Feldjäger-Personenschutzkommando mit drei SSA-Wölfen[18]

---

[17] Streitkräftebasis; neben Heer, Marine und Luftwaffe die vierte Teilstreitkraft der Bundeswehr

[18] MB Sonder-Schutz-Ausstattung; gepanzerte Spezialversion des normalen MB-Wolf

daran sich vorzubereiten. Und wenn man dann halt mal keinen echten General als Schutzperson zur Verfügung hat, dann wird halt kurzerzhand mal einer dazu ernannt. Und genau so kam der Hauptfeldwebel zu seinem Job.

Das erste Mal fiel er mir auf, als er sehr informell, mit hochgekrempelten Ärmeln und in die Hüfen gestemmten Armen, gleichzeitig an einer filterlosen Zigarette saugend und schmatzend ein Truthahn-Remouladen-Sandwich essend, hinter dem Zelt stand und ihm zwei andere Portepees die goldenen Schulterschlaufen aufzogen.

"Jesus und Maria!", rief ich erfreut und nahm vor ihm Haltung an. "Herr General!" Ich grüßte zackig. "Ein Mann Ihrer Erscheinung kann doch nur von Gottes starker Hand persönlich befördert worden sein!"

"Wohl eher vom Teufel, als ich gerade eine seiner dreibrüstigen Huren fickte!", antwortete der 'General' grinsend und spuckte mir den angelutschten Zigarettenstumpen mittig vor meine Füße.

"Kaffee, Oberfeld?" Er schüttelte sich kurz, so dass seine zwei Helfershelfer von ihm abließen. "Oder hast du gerade was vor?" fuhr er dann fort und kratzte sich hingebungsvoll durch den Schritt, was bei meinen zwei Streifenbegleitern zugegebenermaßen doch leicht sparsame Blicke hervorrief. Diese Art von General schien ihnen neu.

"Ich meine", fuhr 'Herr General' dann auch schon mit der Zunge schnalzend fort, "bevor du die zwei Uffze hinter meinem Zelt vernaschst, Oberfeld ..." Und meinen Jungs dabei ein kurzes Zwinkern schenkend, wischte er sich die Remouladenfinger am unteren Ende seiner Uniformbluse ab. "Und, liege ich damit richtig?" Fragend trat er auf mich zu.

Zackig schlug ich die Stiefelhacken zusammen.

"Lippen kennen kein Geschlecht!" Ich nickte schmunzelnd. "Jawoll, Herr General!" Tja was sollte ich sonst auch sagen? Ich kannte den Kerl gerade mal zwei Minuten, aber er hatte den gleichen kranken Humor wie ich. Das machte ihn mir ziemlich sympathisch. Ich warf einen Blick auf die Uhr. Noch eine Stunde Zeit, bis unser spezieller Gast erwartet wurde.

"Herrrrlich." Der 'General' klatschte in die Hände. "Nun, so sei es. Kaffeeeee!", brüllte er dann lautstark in Richtung seines Befehlstandes. "Für meine Freunde! Für meine guten Freunde!"

Ich holte tief Luft. Der Kerl war eine Sensation. Es fiel mir ernsthaft schwer, nicht auf der Stelle unkontrolliert loszuprusten.

"Herr General!"

Der gerade, in unserem Rücken ertönten, fremden Stimme nach hinten folgend, schnellten wir herum.

"Schön Sie heute ebenfalls hier zu treffen, Herr General", schmalzte der Kerl nun weiter.

"Was zum Teufel?" 'Herr General' und ich sahen uns fragend an. Ein Oberst iG[19], und zwar ein echter. Mit durchgestrecktem Kreuz stand er hinter uns und grüßte zackig.

Ganz ehrlich, er hatte keine Ahnung was hier abging. Und gerade als ich kurz davor war fast etwas sagen zu wollen, kam mir der 'General' zuvor:

"Rühren, Junge, Rühren", murmelte er väterlich. Und auch wenn 'Herr General' optisch gut ausgewählt war – zumindest was das scheinbare äußere Alter und vor allem sein dazu passendes, grau melliertes Haar anging. Dennoch hätte wohl eher der Oberst der Vater des 'Herrn Generals' sein können, und

---

[19] im Generalsstab

nicht umgekehrt. Doch Herr Oberst raffte wirklich nichts und ging artig mit.

"Vielen Dank, Herr General", entgegnete er erfreut und nickte uns allen zu. "So, Sie sind also allesamt hier wegen unserer kleinen Leistungsshow, was? Welch eine Ehre!"

'Mein Gott', dachte ich so bei mir und rollte mit den Augen. 'Der überschlägt sich ja fast.'

"Ehre hin oder her", unterbrach der 'General' unhöflich abwinkend. "Die Jungs hier wollen Kaffee! Kriegen Sie das hin, Oberst?"

"Kaffee?" Der Oberst richtete sich sein purpurnes Barett. "Meine leichteste Übung!" Er sah uns an. "Milch und Zucker, meine Herren?"

Kurze Stille.

"Milch, bitte", erwiderte ich erst zögerlich, ein wenig geschockt darüber, wie sehr 'Herr General' in seiner Rolle doch aufging. "Und zwei Stück Zucker bitte", fuhr ich dann allerdings, mich der Geamtsituation anpassend, fort und entfernte unauffällig meinen Namensklett. Ich sah zu meinen zwei Jungs. Diese kleinen Wichser. Ich grinste amüsiert. Ihre Namensbänder waren längst verschwunden. Allerdings ebenfalls auch die Farbe aus ihren Gesichtern.

Und um es kurz zu machen, der Oberst holte noch zwei weitere Male Kaffee für uns an diesem Tag. Aufgeklärt hat ihn niemand von uns. Warum auch? Gemessen an der, auf der Leistungsshow herrschenden Dienstgradstruktur wäre das sowieso die Aufgabe eines Generals gewesen ...

PER MATTHIAS GRIEBLER

"It is not the critic who counts; not the man who points out how the strong man stumbles, or where the doer of deeds could have done them better. The credit belongs to the man who is actually in the arena, whose face is marred by dust and sweat and blood; who strives valiantly; who errs, who comes short again and again, because there is no effort without error and shortcoming; but who does actually strive to do the deeds; who knows great enthusiasms, the great devotions; who spends himself in a worthy cause; who at the best knows in the end the triumph of high achievement, and who at the worst, if he fails, at least fails while daring greatly, so that his place shall never be with those cold and timid souls who neither know victory nor defeat." (Theodore Roosevelt)

Die Beförderung meines Freundes Dustin, bei der ich die Ehre hatte, ihm im Anschluss den neuen Dienstgrad anzupinnen.

13 YEARS OF SERVICE

PER MATTHIAS GRIEBLER

Es ist nicht der Kritiker, der zählt; nicht der Mann, der aufzeigt wie der Starke stolpert, oder wo der Macher die Dinge hätte besser machen können. Die Ehre gehört dem Mann, der tatsächlich in der Arena steht, dessen Gesicht von Staub und Schweiss und Blut befleckt ist; der sich tapfer bemüht; der sich (ver)irrt, der wieder und wieder Fehler macht, denn es gibt keine Anstrengung ohne Fehler und Makel; der sich aber tatsächlich bemüht, die Dinge zu tun; der großen Enthusiasmus kennt, die grosse Hingabe; der sich selbst für eine würdige Sache aufgibt; der im besten Fall am Ende den Triumph des großen Erfolges kennt, und der im schlimmsten Fall, falls er versagt, wenigstens versagt, während er Großes gewagt hat, so dass sein Platz niemals bei diesen kalten und ängstlichen Seelen sein soll, die weder Sieg noch Niederlage kennen. (Theodore Roosevelt)

Major William "Bill" White, United States Army Heeresflieger, 2 Auslandseinsätze in den Irak (OIF) als Zugführer einer luftbeweglichen Infanterieeinheit in Taji von März 2004 – März 2005, und als Militärberater für die Irakische Polizei in der Provinz Anbar von Mai 2011 – November 2011, aktuell 11 ½ Dienstjahre und fortlaufend.

Teil II

Die Sonderbaren

20 - Die Aufnahme

Eine der ältesten, ehrbarsten aber zugleich auch abartigsten Traditionen der Bundewehr ist die Aufnahme des Einzelnen in das jeweilige Unteroffizierskorps. Denn während die Marine *bloß* weltweit ihre Äquator-Taufe durchführt und die Luftwaffen dieser Erde vermutlich duftende Badekugeln zusammen mit ein paar jungen Piloten im Schaumbad verschwinden lassen, denkt sich das Heer immer wieder neue Gemeinheiten aus, die in all ihrer Vielfalt und ständigen Überarbeitung letztendlich schon fast einer großangelegten Freitag-Abend-Game-Show gleichkommen. Nur dass der Showmaster eben der Spieß ist und die einzige Regel daraus besteht, dass es keine gibt. Okay, zwei gibt es vielleicht doch: Zum einen keine Offiziere, es sei denn sie wurden ausdrücklich eingeladen und unter Androhung von Schlägen zur Verschwiegenheit verpflichtet, und zum anderen, der aufzunehmende Dienstgrad sollte das Spektakel überleben – immerhin. Was die Sache auch fast schon human macht.

Der Termin meiner Aufnahme wurde mir irgendwann in der Mitte des zweiten Quartals 2000 eröffnet und sollte bereits am nächsten Tag stattfinden. Und seit das letzte Event wohl wegen der Unmengen an Alkohol ein wenig schiefgegangen war, ich sage nur: Sturzbesoffe Anwärter die mit, von innen vollgekotzter Schwimmbrille, im Taucheranzug ins McDonalds gehen und Fischburger für die gesamte Kompanie bestellen mussten, durfte diese Aufnahme gemäß der aktuellen Weisung des Kommandeurs diesmal nur ohne Alkohol durchgeführt werden. Aber das hieß ja nicht, dass es nicht eklig werden konnte und der Gesichtsausdruck des Spießes, welcher mir und meinem mit aufzunehmendem Kameraden

Von der Heiden gerade gegenüber saß, unterstrich meine Vermutung bloß.

"Also dann, meine zwei Süßen", trällerte er in seiner unverkennbar zynischen Art, "ihr habt noch 24 Stunden, los geht's!" Dann schmiss er uns aus dem Büro.

Das Motto der Aufnahme lautete *Formel 1* und wir sollten uns diesbezüglich für den nächsten Tag schon mal fein vorbereiten. Naja, wirkliche Profis waren wir nicht, aber wir wussten zumindest, dass die Formel 1 augenblicklich vornehmlich von zwei Fahrern dominiert wurde: Michael Schumacher und Mika Häkkinen. Und schließlich hatten wir noch die ganze Nacht Zeit, um uns so viel wie möglich von den beiden und dem drumherum einzuprägen. Um 14:00 Uhr am nächsten Tag erhielten wir dann einen Briefumschlag mit unseren Befehlen.

"Organisieren Sie ein Formel 1 Rennen!", stand da. "Boxenluder, Streckenposten und Fahrzeuge (wahlweise Kettcar oder Bobby Car), Zeitansatz: 60 Minuten."

"Oh man ..." Wir stöhnten laut auf. Eine Art Seifenkistenrennen? Das musste ein Scherz sein. Und wo bitte sollten wir das alles in weniger als einer Stunde nur herkriegen? Was nun folgte war eine wahre Orgie der Telefoniererei und auch wenn wir uns im Jahr 1999 noch nicht im Zeitalter der Social-Networks, geschweige denn WLAN oder Wi-Fi bewegten, irgendwie kriegten wir es hin! Gut okay, die Boxenluder waren jetzt keine richtigen Frauen, zumindest die eine nicht, und das Mechanikerteam war eigentlich bloß eine Gruppe aus der Grundausbildung, die sich von der Nummer freies Saufen und Spaß auf Kosten ihrer Ausbilder versprach, aber die Bobby Cars, die waren echt! Und redlich aus einem Nachbargarten entwendet – also gegen Leihgebühr natürlich! Das Unteroffizierskorps hatte bereits mit dem Vorglühen begonnen, für sie bestand ja kein Alkoholverbot, und als wir uns das erste Mal oben meldeten und in Grundstellung beim Spieß um die Aufnahme in das Unteroffizierskorps der 5. Panzergrenadierbataillon 342 baten, wurden wir erstmal wieder hinaus geworfen. Das *ehrenvoll* hatte gefehlt. Also nochmal tief Luft geholt, die Zähne zusammen gebissen und erneut gemeldet. Diesmal mit den Worten:

"Die Unteroffiziere Griebler und Von der Heiden bitten um die Aufnahme in das ehrenvolle Unteroffizierskorps der 5. Panzergrenadierbatailoon 342, Herr Hauptfeldwebel."

Mit dem Spieß hatten sich noch 30 weitere Unteroffiziersdienstgrade in geselliger Runde versammelt. Teils jene aus unserer Kompanie und andere, fremde widerrum aus dem Bataillon. Ebenfalls als Gast anwesend war der Zugführer 3. Zug, Oberleutnant L., jemand der sich solch einen Spaß auch keinesfalls hätte entgehen lassen.

Zur Belohnung für uns gab's jetzt erstmal ein paar Schokoküsse. Wenigstens die Minis, denn irgendein Scherzbold hatte diesen mit feinen Spritzen-Nadeln Knoblauch-, Chilli-, und Fischöl durch die Schokoglasur hindurch injiziert. Zusammen mit dem steif geschlagenen Milchschaum eine echt teuflische Mischung. Es folgten ein paar Fangfragen, gestellt durch alle, bei denen wir es doch wirklich schafften null Punkte zu erzielen. Sowohl im militärischen Teil, als auch im Fachteil Formel 1. Soviel dann zur Vorbereitung. Und nochmal eine Ladung Schokoküsse. Und als dann endlich auch der Letzte davon überzeugt war, wir wären nun aufgewärmt genug, sollten die Spiele schlußendlich beginnen und wir verlegten raus zur Rennstrecke. Dort, am leicht abschüssigen Hügel, der von der Standortverwaltung und der Bekleidungskammer runter zum Küchengebäude führte, standen bereits unsere Fahrzeuge, und das Boxenluder männlich räkelte sich lasziv vor diesem in der Frühlingssonne, während die weibliche Ausführung sich augenscheinlich gerade leicht entsetzt, in was wir sie da mit heineingezogen hatte, noch ein wenig zurückhielt.

Der Startschuss fiel und nicht nur, dass Von der Heidens Hinterachse bereits in der ersten Kurve brach und er sich mehr auf dem Hintern und den Handinnenflächen als auf dem Bobby-Car in Richtung des 800 Meter weit entfernten Zieles schleppen musste, zudem bearbeiteten die als Mechaniker-Trupp eingesetzten Mannschafter uns auch noch mit der Kübelspritze. Welch ein Spaß! Darauf erstmal wieder ein paar Schokoküsse und der nächste Auftrag:

"In zehn Minuten im Lichthof Erdgeschoss, in voller Montur und stanmäßig[20] gepacktem Rucksack", stand nun in dem Briefumschlag.

Die Hetzjagd begann auf ein Neues. Neun Minuten und 50 Sekunden später erreichten wir jedoch, entgegen aller Unkenrufe, den Startpunkt und zur Belohnung – genau, ein paar Schokoküsse! Diesmal wenigstens bloß drei – weil wir so gut waren, "haha". Aber auch hier erwischte ich natürlich die mit der Rollmops-Sardellen-Chilli Mischung. Und schon ging es weiter:

Die Anforderung an diese Station war, dass wir uns, ohne den Boden zu berühren, über mehrere quergespannte Seile hinweg, die Treppe hinunter bewegten, um dort, im dunklen, nur durch unregelmäßiges Aufflackern einer Neonröhre beleuchteten Keller erstmal ein paar Handwaffen zusammenzusetzen und uns dann über, oder besser gesagt durch, mehrere Spintbarrikaden hindurch in Richtung Hinterausgang durchzuschlagen. Dort wartete bereits breit grinsend der Nachschubdienstfeldwebel, welcher uns die Rucksäcke abnahm und im

---

[20] Stärke- und Ausstattungsnachweisung (StAN)

Austausch dafür ein paar Staubschutzbrillen aushändigte. Wozu diese waren, sahen wir erst, als er dann die Tür öffnete. Dort, zwischen Kompaniegebäude und Treppenaufgang in Richtung Straße, stand ein Schlauchboot eingeparkt – vollgefüllt mit grüner Seifenlauge.

Seufzend sah ich den Kompanietruppführer an.

"Da rein, die Kette finden und rüber in die Kiste umziehen!", antwortete der nur und deutete ans Ende der Treppe, wo für jeden von uns eine hölzerne Marder-Transportkiste[21] bereit stand. Dann gab er mir auch schon einen Tritt nach vorn und ich fiel kopfüber ins Wasser. Mit brennenden Augen und hastig mit beiden Händen den Boden abtastend, wühlte ich mich durch's Boot.

"Eine Kette? Was für eine verdammte Kette bitte schön?", dachte ich mir. Doch die nahezu aussichtslose Suche war ja noch nicht alles, denn jedesmal wenn ich zum Luftholen nach oben kam, spürte ich auch schon wieder einen Stiefel in meinem Kreuz der mich zurück nach unten drückte - begleitet vom lauten Grölen der Kompanie. Im gleichen Moment sah ich sie jedoch: eine Kette, aus Knoblauchzehen – und sie schwamm direkt vor mir! Das also war gemeint gewesen! Hastig ergriff ich sie, richtete mich prustend auf und stapfte siegreich aus dem Wasser. Von der Heiden war bereits einen Schritt weiter und aktuell in seiner Kiste mit Umziehen beschäftigt. Die Kisten waren ja so schon verdammt eng, aber mit unseren Rucksäcken darin, die die Anderen für uns hinein gestellt hatten, war es noch nicht einmal mehr möglich in die Embrionalstellung zu gehen, geschweige denn unfallfrei eine triefend nasse Uniformbluse auszukriegen. Was blieb war *Messer marsch* – ich musste sowieso noch eine Sachschad-

---

[21] Einer von jenen Transportbehältern, in die man Von der Heiden und mich bereits in Kapitel # 02 gesteckt hatte.

meldung vom letzten Übungsplatz schreiben, da kam es auf die paar Peanuts nun auch nicht mehr an. Leicht abgekämpft, aber wieder trocken, stieg ich aus der Kiste.

"Griebi." Von der Heiden nickte mir zu. Irgendwie sah es so aus, als ob er vergessen hatte, ein zweites Paar Stiefel einzupacken. Doch dafür war jetzt keine Zeit. Station Sechs wartete bereits. Das Hindurchgleiten durch einen aus mehreren Tarnnetzten und Zeltstangen geformten Tunnel auf der Wiese vor dem Haupteingang. Doch bevor wir da hindurch durften, befestigte man uns erstmal mittels Panzertape jeweils einen spitz nach oben stehenden Zelthering auf dem Rücken. War so auch viel praktischer, denn von der Tunneldecke hingen mehrere pralle Luftballons, gefüllt mit Essigwasser.

Aber auch das ging vorbei und zur Belohnung – nein, keine Schokoküsse diesmal. Diesmal durften wir einen Teil der Knoblauchzehenkette essen, die wir eben erbeutet hatten, nämlich exakt eine große Knolle, und wir bekamen sogar ganze zwei Minuten Zeit dafür. Man, sehnte ich mich in diesem Moment nach den Schokoküssen.

14 Minuten und einen weiteren Uniformwechsel später, der Essiggeruch war einfach nicht auszuhalten gewesen, standen wir wieder da wo wir angefangen hatten – oben im Unteroffiziersraum, wo uns nun angeblich unsere nächste und finale Prüfung bevorstand. Ein Wettessen! Ich erinnere mich noch wie der Spieß irgendwas davon erzählte, dass wir, also Von der Heiden und ich, momentan wohl punktetechnisch gleichauf lagen und es deshalb zu einem Stechen kommen musste und ich mitten in dieser Rede kurz aufstoßen musste. Und das war genau der Moment, in dem es den etwa sieben Meter vor mir auf dem Stuhl sitzenden Oberleutnant L. fast ins Nirwana fegte. Ja, mein Atem war wohl ziemlich streng mittlerweile. Als nächstes brachte man uns einen Eimer.

"Ich ahne das Schlimmste …", murmelte ich und Von der Heiden nickte nur bestätigend. Dann servierte man uns zwei Teller. Darauf jeweils ein großer Berg Wackelpudding in unserer Waffenfarbe, sprich grün, gespickt mit Salzstangen und rundherum garniert mit Knoblauchzehen und Schokoküssen. Ach ja, ein glas Milch gab's ebenfalls dazu.

"Sie haben drei Minuten!", rief der Spieß von seinem Podiumstisch. "Uuuund, los!"

"Garnitur bringt mehr Punkte!", jaulte zeitgleich irgendjemand aus der Menge und so schaufelten wir uns als erstes die Knoblauchzehen rein. Ohne zu kauen schluckten wir sie runter und warfen direkt noch die Schokoküsse drauf.

"Noch eine Minute!", rief der Spieß irgendwann. Die Menge schien sich köstlich zu amüsieren. Das Gegröle hörte man wahrscheinlich bis vor zum Tor.

"Eine Minute …" Von der Heiden und ich sahen uns an. "Sollte ja kein Problem sein", dachten wir uns. "Der Wackelpudding wird einfach weggeschaufelt. Das beruhigt den Magen." Auf diesen Gedanken folgte die Erkenntnis der bitteren Wahrheit. Irgendein Sadist hatte es sich nämlich einfallen lassen, den Pudding anstelle von Wasser mit Essig anzumachen. Fast hätte ich den Eimer gefüllt. Und nicht nur ich. Auch Von der Heiden konnte sich allem Anschein nach nur schwer beherrschen nicht gleich loszubrechen. Dann war es endlich vorbei.

"Ich brauche einen neuen Magen", keuchte ich in Von der Heidens Richtung, welcher bloß müde nickte.

Was nun folgte war die eigentliche Aufnahme. Auf unseren Knien und die Hand am Waffenrohr des Spießes (ich weiß das klingt schmutzig, aber gemeint ist die 20mm Kanone seines Schützenpanzers), schworen wir unseren Eid auf das Korps.

Damit gehörten wir nun offiziell dazu. Aber nach Trinken war mir an diesem Abend nicht mehr. Ich weiß auch nicht, warum.

Zwei Stunden später schlenderte ich in Richtung Tor um mir ein Taxi zum Bahnhof zu nehmen. Die eingeteilte Wache fiel fast in Ohnmacht als ich an ihr vorbeilief. Und das war nicht alles. Ich hatte Club- und Lokalverbot in jedem einzelnen Laden in Koblenz für geschlagene sieben Tage! Man roch mich schon von weitem! Das war mal 'ne Aufnahme! Dran, drauf, drüber kann ich nur sagen …

Der gute Finale Teller, in etwa dem Augenblick als mein Kamerad Von der Heiden feststellte, dass der Wackelpudding mal nicht wie gewöhnlich mit Wasser angemacht war.

"If you get a chance, take it.
If it changes your life, let it.
No one said it would be easy, they only promised it would be
worth it."
(Unknown)

"Wenn sich dir eine Gelegenheit bietet, ergreife sie. Wenn sie
dein Leben verändert, lass es geschehen. Niemand hat gesagt,
es würde einfach sein, sie haben dir bloß versprochen, dass es
sich lohnen wird."
(Unbekannt)

Unteroffizier (w) Michele Barrera, United States Army
Militärpolizei, aktuell 6 ½ Dienstjahre und fortlaufend.

21 - Schlau wie vier Meter Feldweg ...

Jeder kennt ja bestimmt diesen alten Satz: Was macht das Schwein wenn es gegen die Wand läuft? Uffz, ganz genau. Und wie überall, so gibt es eben auch in der Armee Solche und Solche. Und unter wem man letzendlich dient oder mit wem man zusammenarbeiten muss, das kann man sich nicht immer aussuchen. Im Frühjahr 2000 wurde ich, im Rahmen einer neuen Grundausbildung, einem neu aufgestellten Zug zugewiesen. Dieser bestand größtenteils aus Ausbildern der 5./342, aber auch aus abkommandierten Kräften anderer Kompanien des Bataillons. Letztendlich ein bunt zusammengewürfelter Haufen.

An der Spitze stand ein gerade frisch von der Universität kommender Oberleutnant. Ein Mann mit guten Absichten und dem unverkennbaren Verlangen, dem Zug seinen eigenen, gerade erwachenden Führungsstil aufzudrücken. Definitv handelte es sich bei ihm um das Gegenteil eines Paragraphenreiters und auch sonst hatte er immer ein offenens Ohr für seine Unterführer und Mannschaften.

Der nächste in der Reihe, Oberfeldwebel Markus, hatte auch immer ein offenes Ohr für einen. Nur eben auf andere Art und Weise. Als ehemaliger Gebirgsjäger vermittelte er seinem Gegenüber vielmehr das Gefühl, dass er Ohren auch einfach mal so abschnitt. Sein kahlrasierter Schädel und der buschige schwarze Schnauzbart, der ein klein wenig an Attila den Hunenkönig erinnerte, unterstrichen selbiges nur. Und wenn man mal einen brauchte, der in Ledermaske à la Pulp Fiction vor die Front trat und eine belehrende Hasspredigt hielt – et voilà.

Der Gruppenführer 1 kam aus der 4., und wurde eigentlich von allen nur Brezelmann genannt, was vermutlich auf die ledergebräunte Haut des Unteroffiziers zurückzuführen war. Mit dieser und seinen weißblondgefärbten und für einen Panzergrenadier eigentlich viel zu langen Haaren, sah er eher aus wie ein Gigolo. Und wenn er Abends in Richtung Stadt verschwand, trug er auch passsend dazu meist helle Leinenanzüge und Lederslipper ohne Socken.

Die Gruppenführer 2 und 3, Fahnenjunker Brozowski und Unteroffizier Leukel – letzterer konnte sich seinen Haufen eine ganze Woche lang aufsparen und sorgte dann, wenn er musste, für einen dreitätigen Rohrkrepierer in der Haupttoilette – waren eher normal, und der eigentliche Grund für diese Geschichte, oder besser gesagt der Namensgeber dieser, ist der damailge Gruppenführer 4.

Stabsunteroffizier F. – den vollen Namen möchte ich hier aus Rücksicht auf seine Person nicht nennen – war privat ein liebenswerter Kerl. Vielleicht etwas zu liebenswert, denn wenn er dann dienstlich versuchte, hart rüberzukommen, erschien er eher komisch als gemein. Mit donnernden Reden wie: "Wenn Sie zu blöd sind, um sich was zu merken, dann schreiben Sie sich's auf – mach ich auch so!", setzte er sich gerne mal ins Fettnäpchen.

Unvergesslich auch die durch den Oberleutnant angesetzte Hygienekontrolle, die F. und ich bei den Soldaten durchführen sollten. Ich ordnete also in der Mittagspause ein 'Türen auf' an und gab folgenden Befehl:

"In zwei Minuten tritt jeder von Ihnen, bewaffnet mit seiner Zahnbürste und seinem Rasierer, vor der Stube, in Linie zu einem Glied an. Dabei halten Sie den Rasierer, aufrecht mit dem Rasierkopf nach vorne zeigend, in der linken, und die Zahnbürste, vor der Brust, in der rechten Hand. Diese zeigt dazu in einem 90° Winkel nach links und der Bürstenkopf nach oben. Fragen? Zeit läuft!"

Als dann alle standen, gingen F., beginnend von der linken Seite, und ich von der rechten Seite her die Front ab, um eine Sichtprüfung durchzuführen. Und während ich meine Augen benutzte und die Ausfransränder einzelner Zahnbürsten anhand meiner visuellen Fähigkeiten festmachte, benutzte F. seinen jeweils frisch angefeuchtetn Daumen, welchen er von oben auf die Zahnbürste drückte und dieser anschließend ein 'okay' oder 'neu kaufen' gab. Traurig.

Aber das eigentliche Highlight war die Sanitätsausbildung im Stationsbetrieb, etwa in der vierten Woche. Ich hatte die Station Rautek-Schleifgriff und das 'Bergen von Zwergen' und 'Retten von Fetten' war etwas, was mir lag und immer wieder Spaß machte zu vermitteln. F. hingegen hatte die Station Gamstragegriff. Und wer ihn nicht kennt: Bei diesem Griff wird einfach von vorne kommend durch die Beine des Soldaten durchgegriffen, sein Oberschenkel erfasst, und er dann bäuchlings über die eigene Schulter gelegt. Ein durchaus wirksamer Griff wenn es schnell gehen muss, und man sich gemeinsam mit seinem verwundeten Kameraden, aus der feindlichen Feuerlinie heraus in Deckung bringen will.

War man dann bei F. fertig, kam man zu meiner Station, wo das Ganze ja mehr gedeckt und auf dem Boden liegend ablief. Als aber die erste Gruppe nach der Rotation bei mir auflief, sah ich nur in ratlose Gesichter.

"Was ist los, Männer?", rief ich sie an. "Alles in Ordnung?"

"Kommt drauf an ...", antwortete daraufhin der Stubenälteste. "Können Sie uns denn sagen, was eine Gams ist, Herr Unrteroffizier?"
"Eine Gams? Ist das 'ne Fangfrage?" Iritiert verzog ich die Mundwinkel. Acht auf mich gerichtete Augenpaare starrten mich ungeduldig an.

"Eine Bergziege, oder?", entgegnete ich dann.

Erlösung in den Gesichtern der Rekruten.

"Eine Bergziege", wiederholte der Stubenälteste. "Genau."

"Okay." Ich nickte. "Erklären Sie's mir?"

"Na ja." Der Stubenälteste räusperte sich. "Wir hatten doch gerade den Gamstragegriff beim Stabsunteroffizier F. Und bevor er mit der eigentlichen Ausbildung begann sagte er, diesen Tragegriff merken Sie sich am besten mit einem großen weißen Vogel!" Das Lachen stand der Gruppe wieder ins Gesicht geschrieben.

"Einem Vogel, fragten wir dann", fuhr der Stubenälteste nun amüsiert fort. "Aber, Herr Stabsunteroffizier, das heißt doch Gams, und nicht Gans!"

"Ja, toll gemerkt, Sie Schlauberger, entgegenete daraufhin Stabsunteroffizier F. Aber wir merken uns das mit der Gans, weil es das Wort Gams ja so nicht gibt!" Nun prusteten alle lautstark los.

Ich holte tief Luft.

"Fünf Minuten Zigarettenpause!", rief ich dann. "Herr, schick mir Hirn ..."

Ja, wie ich schon zu Anfang sagte, man kann es sich nicht aussuchen. F. beschloß sich nach seinen vier Dienstjahren neu zu orientieren. Ich traf ihn zwei Jahre später noch mal in der Stadt. Da machte er gerade eine Lehre zum Herrenfriseur. Ein weiterer Grund, warum ich jahrelang die Maschine ansetzte. Schlimmer geht eben immer!

There are 3 kinds of people:
1 - The Poor: They only live in the past. They do not see the future, they enjoy the present, and unfortunately, have no future. But at least they have a past.
2 - The Fools: They live only in the present, for the here and now. They do not learn from the past and do not worry about the future.
3 - The Wise Men: They live in the present respecting the past, and have a look for the future and the new.
(Rafik Shami / dt. Buch: Die Sehnsucht fährt schwarz, Übersetzung des Autors)

Es gibt 3 Arten von Menschen
1 - Die Armen: Sie leben nur in der Vergangenheit. Sie sehen nicht die Zukunft, geniessen nicht die Gegenwart und haben leider auch keine Zukunft. Immerhin haben sie aber eine Vergangenheit.
2 - Die Dummen: Sie leben nur in der Gegenwart für das hier und heute. Sie lernen nicht aus der Vergangenheit und machen sich keine Gedanken über die Zukunft.
3 - Die Weisen: Sie leben in der Gegenwart, respektieren die Vergangenheit und haben auch einen Blick für die Zukunft und Neues.
(frei nach Rafik Shami / Die Sehnsucht fährt Schwarz)

Polizeihauptkommissar Ulrich Nowak; Auslandseinsätze: Albanien (Multinational Advisory Police Element Mission) im Jahr 1999, Ex-Jugoslawien (United Nations Mission in Kosovo) von 2001 – 2002 und erneut von 2007 – 2008, West Afrika (United Mission in Liberia) von 2013 – 2014, aktuell 33 ½ Dienstjahre und fortlaufend.

22 - Nur gucken, nicht anfassen!

Seitdem ich selbst Reservist bin, hat sich mein ursprüngliches Bild, dass ich vom Großteil der Reservisten hatte – lange Haare, meist jenseits der 70 und teils zu blöd um auf der Schießbahn geradeaus zu schießen – zwar geändert, aber dennoch gab und gibt es sie damals wie heute: die Hohlbrote – genau wie leider auch vereinzelt im aktiven Dienst. 1999, als junger Obergefreiter, waren sie für mich einfach bloß alle schlecht. Und das rührte vor allem von einem Mann her.

Truppenübungsplatz Baumholder. Die Eifel. Noch so ein Ort dem der gemeine Soldat unterstellte, dass es sich bei Vater und Mutter hier wahrscheinlich auch um Bruder und Schwester handelte. Unsere Kompanie verbrachte hier gerade ihren dreiwöchigen Übungsplatz Aufenthalt. Und bevor die abgesessenen Kräfte, beginnend ab der zweiten Woche, gemeinsam mit den Schützenpanzern im Verbund üben sollten, hatten wir, als Unteroffiziersanwärter, gemeinsam mit den frisch ausgebildeten Richtschützen, in dieser Woche endlich die Gelegenheit, unsere ersten scharfen Schüsse mit der 20mm Bordmaschinenkanone (kurz BMK) abzufeuern.

Mit mir auf dem Bock[22] saßen an diesem Tag, außer dem Kraftfahrer, meine drei Anwärter-Kameraden Schwenke, Koch und Meyers, unser Zugführer Hauptfeldwebel Feling als Kommandant, sowie ein uns bis dato unbekannter Reservist im Rang eines Stabsunteroffiziers. Ob der überhaupt schon mal im scharfen Schuss geübt hatte, keine Ahnung, aber wenn man ein Weilchen in seinem Tun beobachtet hatte, wusste man, dass es mit Sicherheit nichts Technisches war, bzw. kei-

---

[22] umgangssprachlich für Panzer

ne Aufgabe, die einen hohen Anteil an praktischem Können erforderte, die er so im zivilen Leben bestritt.

Irgendwann, ich war gerade fertig mit meiner Übung, befahl der Hauptfeld dann einen Wechsel.

"Los, der Stuffz in den Turm!", rief er sich eine neue Zigarette anzündend und gab den Wechsel über Funk durch.

Also stieg ich nach links weg in den Gang hinter den Kraftfahrer, und der Stabsunteroffizier schob sich hinter mir vorbei in den Turm hinein.

"Bordmaschinenkanone auf Ladestellung", befahl Feling dann, kaum dass mein Nachfolger saß.

"Drehe Bordmaschinenkanone auf Ladestellung, Herr Hauptfeldwebel", wiederholte der Stabsunteroffizier, fuhr den Turm, unter dem leisen Surren der Hydraulik, rüber auf Zwo Uhr und richtete die BMK dann steil nach oben. Denn nur in dieser Position ist es auch machbar, dass der sogenannte Ladeschütze, auf dessen Platz ich beim Wechsel jetzt gerutscht war, einen neuen Gurt einhing.

"Hauptbediengerät aus!", rief der Stabsunteroffizier jetzt, mittels Kippschalter den elektrischen Versorgungskreis trennend, und signalisierte mir damit, dass ich nun nachmunitionieren konnte.

Ich öffnete also die Munitionswanne, legte die durch meine Kameraden sorgfältig aufgestopfte Munition in mehreren Lagen übereinander vorsichtig hinein und hängte die erste Patrone der Kette oben in den Zahnkranz des Fördermotors ein. Dann setzte ich die Handkurbel an und begann die Munition mittels dreieinhalb Umdrehungen nach oben zu bewegen. Das wiederrum war nötig, um die Munition weit genug in den Förderschacht *zu heben*, da erst ab dort der elektrische Fördermotor griff. Aber irgendetwas klemmte noch.

"Ich könnte hier mal Licht gebrauchen ...", murmelte ich angestrengt nach hinten und versuchte gleichzeitig, mit den Fingern halb im Fördermotor hängend, die Störung zu finden. Mein Fehler Nummer Eins. Denn was ich ja eigentlich wollte, war eine Taschenlampe, doch schon hörte ich ein leises Surren.

"Hauptbediengerät ein!"

"Nicht! Warte!", wollte ich gerade noch rufen, aber zu spät. Zeitgleich mit dem ein- oder ausschalten der Turmelektronik sprang nämlich auch stets die Verzahnung des Fördermotors eine halbe Umdrehung weiter. Und aktuell eben leider auch meine Hand, welche sich ja immer noch an der zu transportierenden Munition befand. Ich schrie laut auf.

"Du Idiot!", brüllte ich. "Du verdammter Vollidiot! Ich hab hier vielleicht die Finger drin!?" Mein zweiter Fehler, denn im gleichen Moment hörte ich das Surren erneut.

"Haupt aus!"

"Nein!", schrie ich auf. Und noch eine Umdrehung.

"Ich leg dich um!", tobte ich hasserfüllt und wären meine Arme nur ein kleines Stückchen länger gewesen, so hätte ich zumindest mit der linken Hand versucht, ihn über den Munitionsbehälter hinweg ein wenig zu würgen.

"Die Pfoten weg von der Elektrik!", hörte ich Felings Stimme jetzt endlich. "Griebler! Alles okay da hinten?"

"Alles gut, Herr Hauptfeldwebel ...", stöhnte ich. "Schwenke", zitternd streckte ich meine Hand in Richtung meiner Kameraden, "leuchte mal bitte und schau nach, ob noch alle Finger dran sind." Fehler Nummer drei. Zumindest wenn man mit dem Meister des Sarkasmus befreundet ist.

"Sorry Mann, aber ich glaub der ist ab ...", antwortete der nämlich nur. Gut, vielleicht hatte es damals und im fahlen roten Schein seiner Taschenleuchte ja wirklich erstmal so ausgesehen, aber das war definitiv nicht das, was ich in so einem Moment hören wollte. Wenigstens war der Finger nicht wirklich ab und der Zahnkranzdorn war auch bloß durchs Fleisch und nicht durch den Knochen gegangen, aber genäht werden musste es trotzdem. Aber da ich noch atmete und die Kompanie sich noch im Schießbetrieb befand, verging noch ein Weilchen. Und als der Stabsarzt dann aufschlug, wollte auch er erst mal ein paar Schuss abgeben, bevor er sich um mich kümmerte. Typisch Grenadiere eben.

Nach fünf oder sechs Stichen war meine Welt dann wieder in Ordnung. Und der Stuffz? Nun, nicht nur, dass er aus Versehen am nächsten Tag, beim falsch durchgeführten abmunitionieren fast den Bataillons-Kommandeur über den Haufen schoss, bei der nächsten Turm-MG Übung auf der Standortschießanlage schaffte er es sogar, mittels zu viel Schwung und Enthuisasmus, um ein Haar den gesamten Zug niederzumähen. Sowas ließ meine Begegnung mit ihm fast wie eine Lapalie erscheinen. Dennoch, ich betete und bete auch heute noch jeden Tag, auf dass sich unsere Wege nicht noch einmal kreuzen. Amen.

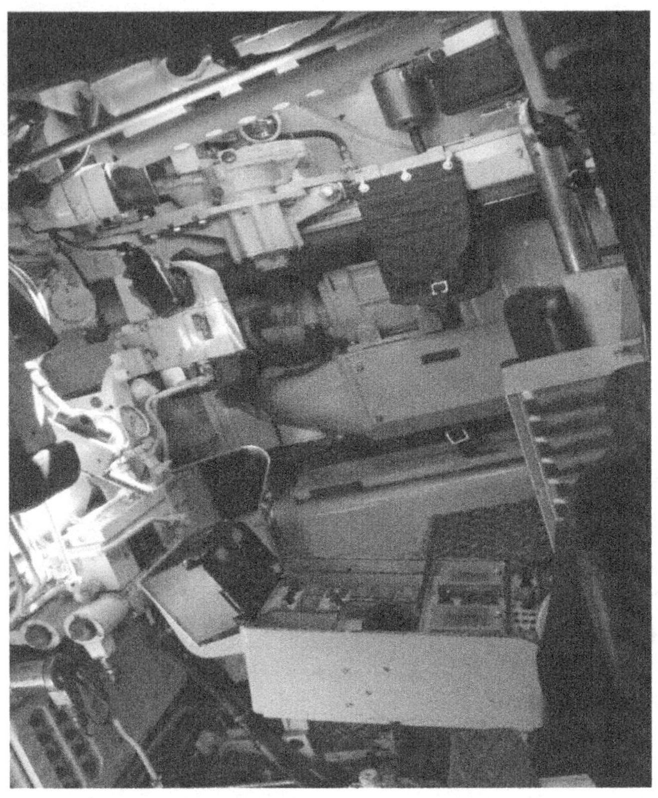

Der Panzerturm des Spz Marder mit dem in der Mitte befindlichen Hauptbediengerät (HBG).

"Hurry up and wait!"

"Beeile dich und warte!"

Lindsey Powell, Army-Ehefrau, seit knapp 9 Jahren verheiratet mit United States Army Stabsunteroffizier Allen J. Powell.

23 - Denken, Drücken, Sprechen!

Norddeutschland. Frühsommer 2002. Das Panzergrenadierbataillon 323 und die Lützow-Kaserne in Schwanewede waren nun seit Dezember 2001 meine neue militärische Heimat und die letzten drei Wochen hatte ich dort, seitdem ich im April erfolgreich von meinem Feldwebellehrgang zurückkam, als Gruppenführer einer Grundausbildung, aktuell bestehend aus 80% Abiturienten und 20% russischen Spätaussiedlern, zugebracht.

Diese Nacht stand der 15km Eingewöhnungsmarsch an und für all die, die sich an ihren eigenen noch zurückerinnern können – das kann beim allerersten Mal ziemlich weh tun! Zudem kommen ja auch noch die taktischen Aspekte der Geräuschdisziplin und des Haltens der Verbindung der Gruppen untereinander dazu. Und genau das ging mal wieder schief. Wie eigentlich immer. Im Laufschritt erreichte mich mein Melder.

"Herr Feldwebel", keuchte er völlig außer Atem. "Gruppe 3, wir haben Gruppe 3 verloren!"

"Verloren?" Ich sah ihn schmunzelnd an. Natürlich wusste ich, was er mir sagen wollte, aber die Ausdrucksweise wie er es tat, amüsierte mich.

"Etwa im Gefecht?", hakte ich mit gespielt erschrockenem Gesichtsausdruck nach.

"Was?" Der Melder sah mich irritiert an.

"Schon gut, Junge." Ich winkte ab. "Das ganze Halt!", rief ich dann. "Rundumsicherung!" Dann marschierte ich nach hinten. Nach etwa 100 Metern sah ich sie. Mit ihrem Unteroffizier an der Spitze stolperten sie leicht verwirrt auf mich zu.

"Unteroffizier Thoms!", rief ich ihn auf halber Strecke an. "Gruppe im Halbkreis sammeln!"

"Jawoll Herr Feldwebel!", hechelte er zurück, sichtbar glücklich darüber, mich zu sehen. Thoms war ein echter Hamburger Jung'. Gerade mal 19 Jahre alt, groß gewachsen und mit einem glattrasierten und bereits mehrere Meter gegen den Wind nach Bebe-Pflegecreme duftenden Babyface. Dazu standen seine Lippen, vor allem die untere, immer ein wenig geöffnet, was ihm optisch ein klein bißchen den Touch einer männlichen Angelina Jolie verlieh.

"Männer ..." Ich ließ Thoms an der Seite eintreten und begann meine Predigt. Von wegen, wie wichtig es ist immer Verbindung nach vorn zu halten. Was alles passieren kann, wenn der Kontakt abbricht. Wie man Selbiges verhindern kann. Was gewesen wäre, hätte es sich hier um eine reale Gefechtssituation gehandelt, beziehungsweise wären wir im V-Fall[23] gewesen, und so weiter. Worte, an die sich die Soldaten erinnern sollten, damit eben so etwas wie gerade nicht noch mal geschah. Meine Rede beendete ich wie üblich mit einem einprägsamen Abschlusssatz. Dieses Mal entschied ich mich für:

"Und wenn das noch mal passiert, dann reiße ich Ihnen allen die Eier raus!"

Und genau hier ist das Problem mit jungen Unteroffizieren. Sie wollen immer noch einen draufsetzen. Vor allem wenn sie denken, dass es auch ein wenig ihre Schuld war.

"Und ich lutsch' Sie ihnen rund!", ergänzte nun Thoms.

Wow. Ich sah ihn von der Seite her an. Stille. Seine Gruppe sagte kein Wort. Und Thoms? Nun, seinem Gesichtsausdruck nach war er sich keines verbalen Fehlgriffs bewusst.

"Weitermachen", murmelte ich und ging.

---

[23] Verteidigungsfall

Und man mag denken, was man will. Ganz nutzlos waren Thoms' Worte in dieser Nacht nicht. Denn immer, wenn der Zug in der Zukunft irgendwie in eine zeitliche Bedrängnis oder sonst in eine Enge kam, die das schnelle gemeinsame Handeln erforderte, motivierten sie sich folgendermaßen selbst:

Einer rief:

"Bewegung! Ihr wisst doch, was der Feldwebel sonst mit uns macht!"

Dann der ganze Zug:

"Oh Gott! Er reißt uns die Eier raus!"

Nun wieder der eine:

"Und ihr wisst auch, was der Unteroffizier mit uns macht!"

Jetzt begann der ganze Zug zu grinsen und fröhlich riefen alle zusammen:

"Er lutscht sie uns rund!"

Einprägsam. Kein Zweifel.

"You are an idiot; you must be the smart one in your family ... Dumb ass!"

"Du bist ein Idiot; du musst der Schlauberger in deiner Familie sein ... Volltrottel!"

Feldwebel Jason Ory, United States Army,
ein Auslandseinsatz nach Afghanistan von 2012 – 2013,
aktuell 7 ½ Dienstjahre und fortlaufend.

24 - Königsklasse

Zwei Dinge hat man während meiner 13-jährigen Dienstzeit absolut untrennbar mit mir verbunden: Zum einen, um mal einen ehemaligen Soldaten von mir zu zitieren, 'eine leicht sonderbare Neigung zu teils infaltilen schauspielerischen Darbietungen', und zum anderen, mein stets von mir in der linken Hosentasche mitgeführtes Döschen Schnupftabak, mit dessen Hilfe ich es während all den Jahren sogar schaffte, selbst gestandenen Fallschirmjägern die Tränchen in die Augen zu treiben.

Ja, für diesen Stoff war ich nach einer Zeit so bekannt, dass selbst wenn ich irgendwo außerhalb unserer Kompanie, in den Weiten unseres Dienstgebietes, mein Messer zückte — zum Verteilen des Schnupftabaks auf der Hand im übrigen ein unverzichtbares Werkzeug und genauso unentbehrlich wie der passende Schnupfspruch — es meist nicht lang dauerte, bis man mich mit großen Augen und den Worten:

"Sind Sie DER Oberfeldwebel mit dem Schnupftabak?", eindeutig identifizierte. Nun, vielleicht hatte ich es im Laufe der Jahre auch einfach ein wenig übertrieben.

Das erste Mal begegnete mir der gute *Magnet* aus dem Hause *Leonard Dingler, Südafrika*, der sich nicht umsonst rühmt, einer der stärksten Schnupftabake weltweit zu sein, im September 2004 — irgendwo auf den Fluren des Regional Headquarters in Prizren, Kosovo, als ihn mir ein Schweizer Major mit den verheißungsvollen Worten:

"Nimm das, Oberfeld, und all der Scheiß macht Stop und kehrt vor dir um!", anbot. Wahre Worte. Und nicht nur der so genannte Scheiß machte kehrt. Auch die meisten Personen taten es ab sofort, wenn sie mich sahen. Aber ein paar eben auch nicht. Und so kam es, dass ich aus den Reihen meiner

Soldaten und Kameraden immer wieder neue Jünger um mich scharte. So auch den einen, von dem ich hier kurz berichten möchte.

Es war im Sommer 2006 und in den Fokus des aktuellen politischen Tagesgeschehens war die Kongo Krise getreten. Meine Kompanie, mit dem Bataillon zu dieser Zeit, für knapp neun Monate der NRF 7 (Nato Response Force, 7. Kontingent) angehängt, hatte vor kurzem auf den Truppenübungsplatz Daaden, im Westerwald, verlegt und erkundete nun von dort aus mögliche Wegstrecken für anfallende Evakuierungsoperationen deutscher Staatsbürger über den etwa eine Auto-Stunde entfernten Flughafen Köln-Bonn.

Bereits seit zwei Tagen waren wir nun fast unentwegt auf den Beinen und es konnte jeden Moment richtig los gehen. Und zwischen all dem abgestandenen Schweiß, dem nach Matsch, Schießpulver und Nikotin stinkenden Dreck um uns herum und nicht zu vergessen dem billigen Instant-Kaffee, fragte mich mein Hauptgefreiter plötzlich nach einem Näschen.

"Klar, Schramm", antwortete ich und fingerte das Döschen hervor. "Bedienen Sie sich!" Ich schob es zu ihm rüber. Klar, normalerweise bin ich jemand der immer mitmacht, aber ich hatte gerade erst ein paar Minuten zuvor, gemeinsam mit zwei Grenadieren geschnupft und meine Nase brannte immer noch. Schramm musste also allein ran. Hätte ich allerdings gewusst, dass er mit dem auf der Dose aufgeprägten Begriff *Snap-Box* nicht so ganz zurechtkommt, hätte ich ihm natürlich geholfen. Aber es war ohnehin zu spät.

Schon lag die Hälfte des Doseninhaltes auf dem Funktisch und Schramm starrte mich mit einem großen Tut-mir-leid-Gesicht an.

"Ganz große Klasse, Hauptgefreiter." Ich schüttelte missmutig den Kopf. "Hier", dabei reichte ich ihm mein Einhandmesser. "Bereinigen Sie das!"

Und hätte ich auch gewusst, wie er das nun versteht, hätte ich mich gewiss anderer Worte bedient, oder es selbst gemacht. *Was* ich wollte, war, dass er mit Hilfe meines Messers den Inhalt vorsichtig vom Tisch zurück in die Dose kehrte. *Was* er jedoch verstand, war: "Bereinigen Sie das." Und so zog er eine *Line*, eine etwa 80cm lange und etwa 3-4mm breite und hohe Linie entlang der gesamten Tischkante auf.

Ich sah ihn an.

"Ist das Ihr Ernst?"

Auch mein Hauptmann schaute etwas dämlich drein in diesem Augenblick. Ihm stand der Pasus "Wenn er stirbt, bin ich dran", nahezu ins Gesicht geschrieben.

"Meine Herren, ich muss nochmal in den Stab!", entschuldigte er sich dann auch schon im nächsten Augenblick. "Oberfeldwebel Griebler – Ihr Büro, äh, Container!" Und weg war er.

Ich sah zu meinem ebenfalls anwesenden Streifenbegleiter.

"Ich bin nicht da, Per!", antwortete der nur schnell und widmete sich, mit starrem Blick nach unten, wieder seines Mobiltelefons.

"Schramm?" Ich sah meinen HG[24] noch mal eindringlich an.

"Ich hab's verbockt, ich mach' es weg!", antwortete der jedoch nur, und als wäre das selbstverständlich. Dann schlug er ein kurzes Kreuz vor der Brust, beugte sich mit dem linken Nasenloch straff nach vorn an die Tischkante, schloss die Augen und zog durch.

---

[24] Hauptgefreiter; in diesem Fall Hauptgefreiten

Er kam bei diesem Versuch genau 7cm weit. Dann rannte er auch schon wie von der Tarantel gestochen, und begleitet von lauten Würge- und Hustengeräuschen nach draußen und kotzte dort direkt hinter meinen SSA-Wolf, und vor die Stiefel ein paar dort miteinander herumblödelnder Fallies. Zwei Minuten später kam er wieder rein. Kreidebleich, die roten Augen wie ein tollwütiger Hund weit aufgerissen und schweißnass am ganzen Körper. Gut sah er definitiv nicht aus.

"Alles in Ordnung?" Ich sah ihn misstrauisch an.

Stille. Wortlos ging Schramm an mir vorbei, ließ sich neben dem Tisch auf die Knie sinken und schlug ein weiteres Kreuz.

"Ich, ich hab da noch was vergessen …", keuchte er dann und setzte erneut an.

Er kotzte noch zwei weitere Male und verfehlte eine mittelschwere Nikotinvergiftung nur ganz knapp. Ja, das war selbst für mich ekelhaft. Aber gleichzeitig auch zutiefst beeindruckend und eine Aktion, die ich wohl niemals vergessen werde. Haupfgefreiter Benjamin Schramm: Respekt, Junge!

"A leader can only lead, if they know where they are going."

"Als Führer kann man nur führen, solange man weiß, wo es hin geht."

Hauptfeldwebel Alex Sterling Hedges, United States Army Militärpolizei, ein Auslandseinsatz nach Bagdad im Rahmen der Operation Iraqi Freedom von 2007 – 2009, aktuell 18 ½ Dienstjahre und fortlaufend.

25 - Scharfschützen-Spielchen

Jeder der ein paar Jährchen in der Armee war, weiß, wie wichtig die so genannte Legendenbildung ist. Man muss ja bloß mal den Namen Trull in irgendeinem Soldaten-Forum posten und sehen was dann herauskommt. Legendär! Und das kann ich bei Herrn General sogar aus eigener Erfahrung sagen. Aber auch als Unterführer ist es durchaus nützlich, gekannt zu werden – sowohl von Freund als auch von Feind. Ich persönlich hatte da immer meinen ganz eigenen Weg, um im Gespräch zu bleiben. Wichtig ist, man muss dabei beobachtet werden, aber widerum so tun, als wüsste man nichts davon. Und das möglichst überzeugend.

Ich tat einige verrückte, oder abartige Dinge während meiner Dienstzeit. Etwa frisch aus dem Gras gepflückte Regenwürmer lutschen, während sich der Zug gerade Rottenweise ins Kantinengebäude verabschiedete, tote Eichhörnchen von der Straße aufsammeln und als Talisman mitführen, Zuckerwürfel auf den Knien mit der Nase durchs Büro schubsen, wenn man weiß, dass in den nächsten zwanzig Sekunden ein Stabsoffizier an der geöffneten Balkontür vorbeiläuft, das Fahrrad mit Handschellen vor dem Stabsgebäude abschließen, einen voll aufgerödelten Melder mit Langwaffe und Funk im Dienstzimmer des Spießes ablegen, wenn man einen Raum weiter einen Termin beim Chef hat, und natürlich Katze spielen, was heißt, das man sich am Unterschenkel des Vorgesetzten mit krummen Rucken und auf allen Vieren mit leisen Schnurrgeräuschen hoch schrubbt. Wobei hier dann auch das Bäumchen erwähnt werden sollte. Hier bleibt man so lange still mit einem hochgezogenen Bein und einem abgewinkelten Arm stehen, bis der Chef an einem vorbei geht und sagt:

"Guten Morgen, Oberfeldwebel!", und man bloß antwortet:

"Sie haben mich gesehen, Herr Major? Wie das?"

Ja, es gibt so einige Möglichkeiten, um sich bei Anderen im Gedächtnis einzubrennen. Auf gute und auf schlechte Weise. Und solange einen der Chef bloß sonderbar und nicht völlig verrückt nennt, ist auch alles in Ordnung.

Der Tag um den es in dieser Geschichte geht, war irgendwann im Frühsommer 2002. Ich war gerade zurück aus Munster, wo ich an der dortigen Panzertruppenschule erfolgreich meinen Feldwebellehrgang abgelegt hatte. Mein Kamerad, Oberfeldwebel Sven Finke, welcher gleichzeitg auch der Scharfschützenausbilder des Bataillons war, und ich, wir sollten an diesem Tag ein Schießen für die Rekruten ausrichten. Nichts wildes, bloß ein erstes kleines Schulschießen mit dem G36. Ich weiß nicht mehr warum, aber irgendwie waren wir kurz vor Mittag bereits durch. Munition war noch genug vorhanden, aber vor der Mittagspause noch eine Sonderübung anfangen, das wäre Quatsch gewesen. Also beschloss Finke den Soldaten zur Überbrückung mal sein Arbeitsgerät zu zeigen – ein Scharfschützengewehr G22 mit einer 3-12x50er Optik[25]. Unglaublich was da für Fragen aufkommen:

"Was ist die maximale Kampfentfernung?"

"Gehört die Waffe Ihnen?"

"Haben Sie schon viele Männer totgeschossen?"

"Schaffen Sie es eine 1-Euro Münze aus 500 Metern zu treffen?"

---

[25] Das von der britischen Firma Accuracy International Ltd. entwickelte Scharfschützengewehr in den Kalibern .300 Winchester Magnum oder 7,62x67mm, wurde erstmals 1997 in die Bundewehr eingeführt, und löste dort nach und nach das G3 ZF (Gewehr G3 mit Zielfernrohr) ab.

Oh ja, Rekruten in der vierten Woche waren ziemlich wissbegierig. Wie hungrige kleine Eichhörnchen am Fuße eines Nussberges hatten sie sich um uns geschart. Sven und ich grinsten uns an.

"Per?"

"Denkst du wirklich?", antwortete ich und zog einen Apfel aus meiner Verpflegungstüte hervor. Worauf wir eigentlich letztendlich hinaus wollten, das wusste in diesem Moment noch keiner von uns. Aber bei solchen Dingen sprach man sich für gewöhnlich auch nicht ab. Sowas passierte einfach.

"Ich denke wir sollten es ihnen zeigen ..." Finke grinste verschwörerisch und strich über sein leicht in der Sonne blitzendes Baby.

"Na dann." Ich nickte und biss ein Stück aus meinem Apfel. "Wo möchtest du mich sehen?"

"300, vielleicht 350", antwortete Finke und sah auf seine Hand – sie zitterte ein wenig. "Weiter lieber nicht", entschuldigte er sich und brachte sich hinter seine Waffe, "ich hatte ein paar Tassen Kaffee zu viel diesen Morgen..."

"Um so leichter für mich." Ich nickte. "Weniger zu laufen."

Nun, bis zu diesem Augenblick dachte der Großteil der Soldaten noch, wir würden Scherze machen. Und das taten wir ja auch. Obwohl, taten wir das wirklich noch? Irgendwann steigert man sich in gewisse Situationen halt rein. Und spätestens als ich dann los lief und mich bei 350 Metern mit dem Gesicht zur Gruppe auf den Boden kniete und den angebissenen Apfel oben auf meinen Kopf auflegte, froren die Gesichter der Jungs dann völlig ein. Ich riss den Arm nach oben.

"Bereit!", rief ich lauthals und gab Finke das Zeichen.

Der schob das Magazin in die Waffe und lud durch. Eigentlich hatte ich mich sogar damit abgefunden, dass er wirklich schoss. Allerdings nahte für uns beide die Rettung in Form des

Chef-Fahrers. Auch der war ein begnadeter Schauspieler und erkannte sofort, was wir da gerade taten.

"Schon wieder, Herr Oberfeldwebel?", rief er nur, stoppte dann vor Finke und salutierte. "Ich störe nur ungern, aber Sie sollen bitte zum Spieß kommen. Die Kaltgetränke sind da!"

"Sven?" Ich konnte zu diesem Zeitpunkt nur sehen und nicht hören, und hob erneut den Arm. "Bist du bereit?" Erst später erfuhr ich, dass Finke in diesem Moment dann einem unserer Rekruten angeboten hatte, den Schuss auszuführen. Glücklicherweise wollte aber keiner, beziehungsweise hatte es sich keiner so richtig zugetraut. Glück für mich. Oder wie es in der Zahnpasta-Werbung so schön heißt:

"Damit Sie auch morgen noch kraftvoll zubeißen können!"

Das Formen einer Legende ist das eine, aber einen Apfel essen, wenn einem das halbe Gesicht fehlt, das ist das andere. Man, ich steh' auf die Löcher, die eine Patrone vom Kaliber .300 Winchester Magnum macht. Dran, drauf, drüber!

"Only the dead have seen the end of war."
(George Santayana)

"Einzig die Toten haben das Ende des Krieges gesehen."
(George Santayana)

Unteroffizier (w) Emily Vautaw, United States Army Militär-polizei von Oktober 2007 bis Oktober 2012, ein Auslandseinsatz nach Afghanistan von 2010 – 2011.

26 - Ein unmoralisches Angebot

Jeder hat sich doch bestimmt schon mal gefragt, wofür NATO Missionen wirklich gut sind, oder? Also ich meine neben all den Frieden stiftenden Schulbauprojekten und dem verbreiten von europäischem und amerikanischem Gutmenschtum natürlich. Sie dienen vor allem dazu, zu erkennen, wer eigentlich sonst noch so die Welt mit uns zusammen bevölkert, und welche dieser Fraktionen darüber hinaus sogar Militär besitzen. In etwa so bin ich auf die Georgier gestoßen.

Es war im Winter 2004/2005, am Ende des 9. Deutschen KFOR Kontingents und natürlich hatte ich schon von Georgien gehört, einem kleinen, ehemals zum großen Russischen Reich gehörenden Staat in Zentralasien, aber Menschen von dort getroffen, das hatte ich noch nie. Und nach diesem Einsatz muss ich auch sagen, dass ich da eigentlich niemals hin will und bloß hoffe, dass die etwa 80 stark beharrten und bloß etwa 1,60m großen Muskelschweine mit dem sympatischen Klongesicht eines Mauerbacksteins, nicht die gesamte männliche Bevölkerung ihres Landes widerspiegeln. Ja, diese Jungs, die man für diesen Einsatz in deutsche Uniformen gesteckt und mit deutschen Waffen ausgerüstet hatte und die für uns nun die Lagerzufahrten bewachten waren, um es mal vorsichtig auszudrücken, ziemlich speziell. Zudem konnte jeder von ihnen genau fünf Worte.

"Licht! Mutze auf! Weste? ID?" Ja, es war immer ein Highlight das Haupttor nach außen oder innen zu passieren. So auch in dieser Nacht.

Wir kamen gerade wieder von der Überwachung einer geleiteten Demonstration am serbischen Kloster und es war bereits nach zwei Uhr morgens. Den etwa 200 internationalen Soldaten die man temporär zum Schutz der Mönche abgestellt hatte, waren nur rund drei Dutzend albanische Demonstranten gegenübergetreten und somit war alles, wie zu erwarten, ruhig geblieben. Mit mir im Wagen saß der Rechtsberater der Multinational Brigade Southwest, ein deutscher Anwalt im Rang eines Oberstleutnants und sein persönlicher Adjudant, ein Hauptfeldwebel der Feldjäger. Warum ich mit im Wagen saß, weiß ich nicht mehr, aber ich glaube ich hatte irgendeinen Sonderauftrag am frühen Morgen und verlegte somit schon zeitiger als der Rest zurück ins Lager. Dumm war nur, dass ich somit aktuell nicht in einem Blaulicht-Wolf saß. Wer weiß, vielleicht hätte sich die Situation ja sonst anders, oder eben gar nicht entwickelt.

"ID?" Der georgische Wachsoldat trat zum Haupftfeldwebel ans Fahrerfenster. "Wo du her so spät?", fragte er und leuchtete mit seiner Taschenlampe ins Fahrzeug rein. Der Oberstleutnant auf dem Beifahrersitz und ich auf dem Rücksitz, wir nickten bloß.

"Aufträge." Der Hauptfeldwebel sah ihn an. "Wo sonst sollten wir wohl um diese Uhrzeit herkommen, Soldat?"

"Da, richtig." Der Soldat nickte. "Und jetzt? Mehr Aufträge?"

"Nein, keine Aufträge mehr." Der Haupfeldwebel schüttelte den Kopf. "Jetzt ist Zeit zu Schlafen."

"Schlafen, hmmm." Der Georgier kam näher. "So du hast Zeit?" Er kam noch ein bißchen näher. Sein Kopf klemmte nun halb in der Scheibe. "Zeit für Sex, ja?", hauchte er.
Stille. Der Hauptfeldwebel, der Oberstleutnant, ich — wir drei waren wie versteinert. Leise lud ich erneut meine Maschinenpistole durch. Was zum Teufel lief falsch bei diesem Soldaten? Und hatte der denn gar keinen Respekt vor Dienstgraden?

"Sex?" Der Hauptfeldwebel fand als erster seine Sprache wieder. Und dabei war er noch unglaublich cool. "Du meinst, ich und du?", fuhr er fragend und dabei mit dem Finger zwischen sich und dem Georgier hin und her zeigend fort.

"Da!" Der Georgier nickte hastig. Vermutlich war es der Schnurrbart des Hauptfeldwebels der ihn so erregte. Nicht genug Magnum, aber zu viel Freddy Mercury.

"30 Minuten?" Der Georgier sah auf seine Uhr. "Ich Zeit!"

Mein Finger wanderte nach vorn an den Abzug. Wo bitte war der Befehl eines Stabsoffiziers, wenn man ihn mal brauchte? Doch der Oberstleutnant schwieg.

"Nun, Junge", antwortete der Hauptfeldwebel dann, "ich würde ja, aber", er sah rüber zu seinem, nach geradeaus ins Nichts starrenden, Chef, "erstens, ich bin wirklich müde. Und zweitens", er seufzte übertrieben, "das ist ein Oberstleunant und ich bin **seine** kleine Schlampe, okay?" Mit einem traurigen Gesicht wechselte sein Blick zurück zu dem Soldaten.

"Ein andermal, okay?" Er verzog traurig die Mundwinkel und dann, ohne weitere Worte kurbelte er wieder die Scheibe hoch und wir passierten die, sich vor uns öffnende, Schranke. Herr Oberstleutnant und ich sagten nichts.

Und da hatte man uns doch tatsächlich in den letzten Monaten zu erzählen versucht, dass es nahezu unmöglich wäre, innerhalb des Lagers einen guten Blow-Job zu bekommen …

13 YEARS OF SERVICE

Auf der Außenmauer der alten türkischen Kalaja Festung: Prizren, Kosovo im Dezember 2004.

"The only thing that stays the same is that everything changes." (Rascal Flatts)

"Die einzige Sache die gleich bleibt, ist die, dass sich alles ändert." (Rascal Flatts)

Stabsunteroffizier (w) Rikki Danielle Giardina, United States Army, ein Auslandseinsatz in den Irak (OIF) von 2007 – 2009, aktuell knapp 8 Dienstjahre und fortlaufend.

27 - Stubenrein

Ist das nicht schon einmal jedem von uns passiert? Man kommt auf eine öffentliche Toilette und es schiebt einen fast wieder rückwärts raus in den Vorraum? Nun, mit den Bundeswehrtoiletten ist das so eine Sache. Sie sind zwar nicht öffentlich, aber man kann dann auch nicht einfach woanders hingegehn, denn 'Klappspaten frei' funktioniert innerhalb der Kaserne nicht so gut. Aber wie erzieht man junge Männer, die sich mit 30 anderen oder mehr maximal fünf Sitzkeramiken teilen? Nun, ich persönlich setze da auf die Schock-Methode und an diesem einen bestimmten Dienstagmittag, in der dritten Woche der Allgemeinen Grundausbildung, setzte ich meinen Plan in die Tat um.

Kurz vor Ende der Mittagspause betrat ich gut bewaffnet, sprich mit zwei handwarmen Plastikdöschen Frühstücksnutella in meiner linken Beintasche, die Herrentoilette. Das Mittagessen hatte bereits gewirkt und so blieb mir eh nur noch die mittlere, freie der drei Toilettenkabinen. Ein mehrfaches Räuspern meinerseits tat sein übriges. Nun wusste jeder, dass ich es war. Es herrschte völlige Stille. Vorsichtig nahm ich die Toilettenbürste heraus und begann sie zu manipulieren. Die Nutella war wirklich verdammt cremig und ich freute mich jetzt schon so auf meinen Streich, wie ein kleiner Junge, bevor er die ersten Silvesterböller anzünden darf. Ich wartete noch eine knappe Minute und betätigte die Spülung.

"Was für ein paar Schweine … Jesus Maria!", sprach ich in der nächsten Sekunde dann lautstark zu mir selbst.

"Na wartet …", murmelte ich. Ich riss die Kabinentür auf und brüllte noch beim Verlassen des Raumes nach meinen zwei Unteroffizieren.

Zwei Minuten später stand der Zug aufgereiht, in Linie zu einem Glied, auf dem Flur angetreten. Die stille Post hatte bereits gearbeitet, denn so wie mich alle ansahen, wusste auch der letzte von ihnen mit absoluter Sicherheit, dass ihnen irgendetwas blühte. Irgendetwas, das mit mir und der Toilette zu tun haben musste.

"Männer ..." Mit Gesicht Nummer Sieben (Anm. d. Verf. zur Faust geballt) trat ich vor sie. "Bis heute", startete ich meine Ansprache und hielt die Arme mit der Klobürste dabei verschränkt hinter meinem Rücken, "nein, bis gerade eben, habe ich wirklich geglaubt, dass ich es hier mit jungen Erwachsenen zu tun habe!" Ich holte tief Luft. "Das war ein Fehler ...", fuhr ich dann fort. Ja, man darf mir glauben wenn ich sage, dass ich eine wirklich gute Show ablieferte, denn selbst meine zwei im Flügel eingetretenen Unteroffiziere sahen ein wenig bedrückt aus.

"Männer, ich bin wirklich enttäuscht!" Jetzt nahm ich die Bürste nach vorn. "Können Sie mir sagen, was das hier ist?" Langsam, die Bürste dabei jedem knapp vor die Nase haltend, schritt ich die Front ab. Erst nach links und dann wieder nach rechts.

"Das. Ist. Scheiße!", brüllte ich dann lautstark und dabei jedes der drei Wörter nachdrücklich einzeln betonend. Dann folgte der nächste Schritt, was bedeutete, dass ich nun meinen Finger in die Bürste steckte und einen schönen Schwung der cremig braunen Masse auf die Kuppe meines Zeigefingers nahm.

"Männer. Das. Ist. Scheiße", wiederholte ich und schritt die Front erneut ab, wobei ich nun jedem meine Fingerspitze direkt unter die Nase hielt. Und da es nun mal in der Natur des Menschen liegt in solch einem Moment instinktiv die Luft anzuhalten, nahm auch niemand wahr, dass es sich bei der Masse eigentlich bloß um cremiges Nougat handelte.

"Diese Scheiße ist sogar noch warm!", ging ich nun voller Enthusiasmus noch einen Schritt weiter. "Also Männer? Keiner der mir etwas sagen will?" Ich blickte mit steinerner Mimik in die Runde. Doch keine Reaktion. Augenscheinlich herrschte völlige Betroffenheit. Und das ist dann eben einer der Momente, die man nicht planen kann. Dieser eine Moment, in dem man als Schauspieler über sich hinauswächst.

"Sehr traurig, Männer ..." Ich nickte. "Na gut, wir gehen jetzt einfach mal davon aus, dass das nicht noch mal passieren wird, richtig?" Und im gleichen Moment, und zum Entsetzen aller, nahm ich meinen Finger nun in den Mund und verzog das Gesicht zu einem nachdenklich-prüfenden Abschmecken.

"Also eines ist sicher und nur um das klarzustellen", ich sah zu meinen Gruppenführern und wischte mir die Finger an der Hosennaht ab. "Meine Scheiße ist es auch nicht! Zug wegtreten lassen, 15 Minuten zum Nachreinigen! Revierkontrolle um 14-hundert!" Dann, verfolgt von etwa zwei Dutzend *Ich-muss-gleich-Brechen*-Blicken meiner Soldaten, verließ ich die Bühne.

Die Toilette, nun die war, was diesen Grundausbildungszug anging, ab sofort nie mehr so verschmutzt. Aber viel wichtiger war die Notiz an mich selbst, die ich abends auf Stube noch in mein Gruppenführer-Büchlein eintrug:

"Das nächste Mal, wenn du vorhast die Nummer mit der Klobürste und der Nutella abzuziehen, dann nimm gefälligst eine frische Bürste. Du Vollidiot."

13 YEARS OF SERVICE

MP-Ball 2009 in Heidelberg, Germany. Der erste Snuff des Abends mit meinen Freunden Mike Pinto und Mac Carter (Mitte).

*"The only place success comes before work is in the
 dictionary ..."*
(Unknown)

*"Der einzige Platz wo Anerkennung noch vor Arbeit kommt,
ist im Wörterbuch ..."*
(Unbekannt)

Oberfeldwebel Dorian LaMaar Jones Sr., United States Army Militärpolizei, ein Auslandseinsatz im Rahmen der Operation Iraqi Freedom (OIF) von 2007 – 2009, aktuell knapp 16 Dienstjahre und fortlaufend.

28 - Die Geschichte vom Häschen

Eigentlich war es ein ganz normaler Donnerstagmorgen. Pascal, mein Streifenpartner, und ich, wir hatten uns entschlossen, mal wieder was für die Statistik zu tun, wie unser Oberstaber so gern sagte. Sprich, mit Klemmbrett, Meldeblock und Vordrucken bewaffnet, klapperten wir zu Fuß den Besucher-Parkplatz des Bundeswehrzentralkrankenhauses ab. Und mal ganz im Ernst, nirgends sonst fand man soviele Verstöße die eine Meldung wert waren, wie hier zwischen 08:00 und 09:00 Uhr. Fast-Food nach Feldjägerart sozusagen.

Ich weiß nicht mehr genau das wie vielte Fahrzeug es war, aber auf jeden Fall hatten wir schon einige Kraftfahrer durch und auch schon zwei oder drei Meldungen aufgenommen, als wir schließlich vor besagtem Gefreiten standen. Er war sichtlich nervös und nicht nur, dass dies seine erste Kontrolle durch Feldjäger war, er hatte auch noch die Hälfte seiner mitzuführenden Gegenstände vergessen und zudem war er im Fahrauftrag nicht als zusätzlicher Fahrer eingetragen. Verdacht auf Schwarzfahrt also, um es mal im Jargon einer Bundeswehr Ordnungswidrigkeit auszudrücken. Im nächsten Moment liefen dem Jungen auch schon die ersten Tränchen die Wangen runter. Und da hatte ich ihm die zu erwartenden Konsequenzen, sprich das mögliche Vorstellig werden bei seinem Bataillonskommandeur, noch gar nicht aufgezählt.

"Ehrlich jetzt?" Pascal und ich sahen uns ratlos an. Kein Scheiß – er heulte wirklich.

"Okay, okay, in Ordnung", lenkte ich ein. "Wie lange sind Sie jetzt dabei? Drei, vier Monate?" Ich räusperte mich. "Wenn Sie sich bis jetzt noch nichts zu Schulden kommen haben lassen, dann geben Sie mir die Nummer von Ihrem

Kompaniechef und wir belassen die Sache auf dem kleinen Dienstweg."

Lautes Schluchzen, gefolgt von zwei Sekunden der Stille. Dann heulte er weiter.

"Oh man ..." Ich stöhnte laut auf. Meinte er das jetzt ernst?

"Na komm schon, Per", meldete sich jetzt Pascal zu Wort. "Zeig ihm dein Häschen!"

"Bitte?" Entgeistert sah ich ihn an. "Mein was?"

"Na dein Häschen! Los, zeig's ihm!", wiederholte Pascal und deutete dabei auf meine linke Beintasche.

Jetzt war der Groschen gefallen.

"Mein Häschen, natürlich!" Ich grinste und wandte mich wieder in Richtung des Gefreiten. "Gefreiter", ich sah ihn an, "möchten Sie mal mein Häschen sehen?"

"Bitte?" Er hielt inne in seinem Schluchzen.

"Hier, schauen Sie mal." Ich zog es hervor. "Ganz weich und flauschig ..."

Der Gefreite starrte mich an. Und für alle anderen, die sich genau in diesem Moment vielleicht fragen, warum ich ein Häschen mit mir rum trug, also eines aus Stoff und kein echtes natürlich: Nun, es war im Kosovo-Einsatz 2008, als mein Kamerad Alex und ich in unserem frisch vom Vormieter übernommenen Container-Wohnklo ein kleines Stoffhäschen gefunden hatten, welches sich mit seinen Magnetpfoten haltend, kopfüber am Kühlschrank hing. Seit diesem Tag an gehörte es jedem von uns jeweils ein halbes Jahr und genau an diesem Morgen hatte ich es von Alex zurückbekommen. Und da ich etwas unter Zeitdruck war, nun ja, der Rest dürfte klar sein, oder hat jetzt echt jemand gedacht, ich würde ernsthaft im Dienst ein Stoffhäschen mit mir rum tragen? Der Gefreite damals schaute jedenfalls so, als hätte er genau das geglaubt.

"Na los, trauen Sie sich!", versuchte ich ihn zu ermutigen und bewegte das Häschen in meiner Hand haltend, näher an ihn heran.

"Na los!", mischte sich jetzt auch Pascal ein. "Fassen Sie das Häschen an, Gefreiter! Das Häschen, sofort!" Und während Pascal weiter, mit genau diesen Worten, die ein wenig an die Barszene mit Ben Stiller und Owen Wilson in der Neuauflage von *Starsky und Hutch* erinnerte, auf ihn einredete, machte ich nur: "Mmmmm, feines Häschen ...", und kraulte selbiges dabei mit dem Zeigefinger zwischen den Schlappohren.

Jetzt war der Gefreite augenscheinlich völlig am Ende. Zitternd näherte sich seine Hand dem Häschen. Dann, mich und Pascal dabei ängstlich anstarrend, streichelte er ihm kurz über den Kopf.

"Oh ja, das mag das Häschen ..." Pascal nickte zufrieden.

"Mmmmm, das hat dem Häschen gefallen. Sehen Sie", ich grinste debil, "war doch gar nicht so schwer. Und jetzt ist gut." Erneut ein äußerst dienstliches Gesicht aufsetzend, ließ ich das Häschen wieder in meiner Beintasche verschwinden.

"Gut." Ich räusperte mich. "Wir belassen es dieses Mal bei einer mündlichen Belehrung. Einverstanden Soldat?"

"Ja-jawoll, Herr Oberfeldwebel", stotterte dieser, immer noch mit halboffenem Mund auf meine nun wieder geschlossene Beintasche starrend. "Da-danke, Herr Oberfeldwebel."

"Kein Problem, Soldat." Ich nickte gönnerhaft. "Wer so fein mein Häschen krault. Pascal?" Ich sah zu meinem Begleiter. "Gibst du ihm seine Papiere zurück, bitte?"

Dann verschwanden wir. Und der Gefreite? Der blieb mit seinem Schock zurück. Ob er es jemandem erzählt hat, keine Ahnung. Aber mal ehrlich, wer bitte hätte ihm so eine Geschichte denn abgenommen? Zwei Oberfeldwebel die ihn ein Häschen kraulen lassen? Lächerlich!

Das berühmte Häschen, gemeinsam mit der fast noch viel berühmteren Bundeswehr Schwimmhose Version 2.0 aus Kapitel # 36.

*"Do what you feel in your heart to be right, for you'll be criti-
cized anyway; you'll be damned if you do, and damned if you
don't."*
(Eleanor Roosevelt)

*"Folge dem, was du in deinem Herzen für richtig hältst – denn
du wirst ohnehin irgendeine Kritik ernten. Du wirst verurteilt,
wenn du etwas tust, und auch, wenn du nichts tust."*
(Eleanor Roosevelt)

Stabsgefreiter (w) Mackenzie Almand, United States Army,
ein Auslandseinsatz nach Masar-E-Sharif, Afghanistan von
2012 – 2013, aktuell knapp 5 Dienstjahre und fortlaufend.

29 - Traditionen

Es war an irgendeinem Nachmittag, irgendwo außerhalb von Koblenz, auf der A61. Pascal, mein Streifenpartner und ich hatten diese Woche S-Dienst, sprich Standard von 07:00 – 16:00 Uhr, was hieß, dass wir die reguläre Tagschicht mit selbstständigen Kfz- und Geschwindigkeitskontrollen unterstützten. Allerdings hatten wir diesmal, außer der Laserpistole und unseren Vordrucken, noch etwas anderes zum Spielen dabei. Unser Zugführer hatte uns zur Verstärkung an diesem Tag nämlich noch den neuen Unteroffiziersanwärter aufgeschwatzt. Optisch erinnerte der Junge mich ein wenig an diesen Kater aus meiner Kindheit. Der war auch ein wenig pummelig, hatte flauschig rote Haare und starrte einen immer ganz verschlafen an. Aber letzteres konnte ich schon irgendwo nachvollziehen, denn als sogenannter Wagenbeschwerer hinten im Bus ist nie wirklich sehr aufregend. Das wusste ich noch aus meiner eigenen Praktikantenzeit.

Wir waren bereits ein Weilchen unterwegs und wie immer auf Streife unterhielten Pascal und ich uns über Gott und die Welt. Filme, Politik, den neuesten Kompanie-Tratsch und so weiter. Aber irgendwann ist nun mal jedes frische Thema aufgebraucht und es geht zurück zu den Klassikern: Essen und Sex. Und so geschah es. Mit einem Mal sagte Pascal mit einem schmutzigen Grinsen:

"Was denkst du, sollen wir IHN benutzen?" Dabei deutete er in den Rückspiegel.

"Im Ernst?" Ich sah ihn an. "Klar, warum nicht", stimmte ich dann, nun ebenfalls schmutzig grinsend, zu. "Der Tag ist so langweilig, da kann ein wenig Sex nicht schaden." Natürlich meinten wir das beide nicht ernst, aber da wir zwei den gleichen kaputten Humor hatten, bedeutete so etwas natürlich eine Steilvorlage.

"Da gibt es nur ein Problem", seufzte Pascal. "Er ist bewaffnet."

"Ach das." Ich winkte lapidar ab. "Das haben wir gleich." Schon beugte ich mich nach hinten. Sicher, vermutlich hatte er unsere Gespräche von vorhin schon ein wenig mitgehört, aber vielleicht eben auch nicht. Die Geräuschkulisse im Inneren des VW T5 war auch nicht unbedingt die allerleiseste.

"Obergefreiter." Ich sah ihn fordernd an. "Geben Sie mir mal gerade Ihre Dienstwaffe!"

"Meine Dienstwaffe?" Irritiert sah er auf. "Ach so, natürlich Herr Oberfeldwebel!", antwortete er dann jedoch, öffnete ohne weiteres Nachfragen sein Holster und reichte mir die P8 sogleich nach vorn.

"Alles klar." Grinsend ließ ich die Waffe im Handschuhfach verschwinden und sah zu Pascal. "Das wäre geklärt." Dann wandte ich mich wieder nach hinten:

"Sagen Sie mal, Obergefreiter, ich hätte da mal eine Frage."

"Herr Oberfeldwebel?"

"Hatten Sie schon mal Sex?" Diese fantastische Haustür-Szene mit Will Smith und Martin Laurence aus *Bad Boys II* schoss mir durch den Kopf.

"Sex?" Jetzt sah der Obergefreite wirklich irritiert aus. "Natürlich", nickte er. "Meine Freundin und ..."

"Nein, nein!", unterbrach ich ihn kopfschüttelnd. "Wir meinen mit einem Mann!"

"Mit einem Mann?" Er starrte mich an. "Nein, natürlich nicht!"

"Ach so?" Pascal und ich zuckten enttäuscht mit den Schultern. "Dann wird's aber Zeit. Sagen Sie mal ..." Ich ließ meine

Arme gemütlich nach hinten über die Lehne baumeln. "Sie kennen die alte Feldjäger-Streifenregel wohl gar nicht?"

"Feldjäger-was?"

"Na die Regel!", wiederholte Pascal jetzt an meiner statt.

"Ganz genau", übernahm ich dann wieder. "Jeder junge Unteroffizier der selbst einmal ein vollwertiger Feldjäger werden will, muss mindestens einmal Sex mit zwei erfahrenen Streifenführern haben."

"Wir sind erfahren." Pascal grinste. "Und Sie können es sich aussuchen", fuhr er dann fort, wie jemand der versuchte, einem eine Sache besonders schmackhaft zu machen. "Wenn nicht wir", erklärte er, "dann eben bei der nächsten Unteroffiziersparty alle Portepees der Kompanie und zuletzt der Spieß."

"Und der vom Spieß ist ziemlich groß", ergänzte ich, dabei zur Untermalung meine Arme ausbreitend. Oh man, es war so schwer ernst zu bleiben.

"Also, Ihre Entscheidung", übernahm Pascal jetzt wieder.

"Ganz im Ernst?" Der Obergefreite wischte sich die Schweißperlen von der Stirn. "Dann, dann", er räusperte sich, "dann würde ich lieber mit Ihnen beiden!", kam es dann hastig aus ihm heraus.

"Na bitte, geht doch!" Ich klatschte freudig in die Hände. "Pascal, schenk uns den nächsten Parkplatz bitte. Und keine Angst", ich sah unseren Obergefreiten an. "Mir reicht ein kleiner Blow-Job. Aber der Oberfeld hier", die Mundwinkel verziehend zeigte ich auf meinen Streifenbegleiter, "der wird ihn schon mal reinstecken wollen."

"Reinstecken?"

"Na ja, klar." Ich grinste. "Aber vielleicht hab ich noch irgendwo in meiner Einsatztasche Creme. Ansonsten zwickt es halt etwas ..." Dann drehte ich mich wieder nach vorn und ließ unseren Praktikanten mit diesem Gedanken jetzt ein wenig allein.

Die Ausfahrt zum Parkplatz kam näher und die Augen des Obergefreiten wurden mit jedem zurückgelegten Meter größer. Das Kopfkino das er gerade durchlebte, musste ihn nahezu umbringen. Gut, dass ich ihm die Waffe abgenommen hatte. Und kaum das wir abfuhren, rief ich ihm zu, dass er sich fertigmachen solle.

"Meinst du er ist arg trocken?", fragte Pascal, kaum war der VW Bus dann zum stehen gekommen und schnallte sich los.

"Das, das bin ich vermutlich", kam sogleich die leise Antwort von der Rückbank.

"Na dann", ich stieg aus und schob schwungvoll die Schwingtür zu den hinteren zwei Sitzreihen auf. "Bringen wir's hinter uns!" Und das war jetzt der beste Moment. Nämlich der, als er sah dass ich nicht meine Hose öffnete, sondern bloß mein Döschen Schnupftabak hervorzog. Ja, er sah aus, als wäre er wirklich bereit gewesen.

Später in der Kompanie erzählte ich die Geschichte sogleich brühwarm meinem Zugführer. Und der, nun, er spielte das Spiel auf seine Art weiter. Denn dreimal darf man raten, wer mir ab sofort als Unterstüzung zugeteilt wurde, jedesmal wenn ich in nächster Zeit irgendwo einen Einsatz führen sollte. Oh ja, ganz genau! Die Schreie, wenn er es herausfand hörte man jedesmal bis hoch in den zweiten Stock. Legendär!

*"I firmly believe that any man's finest hour, the greatest ful-
fillment of all that he holds dear, is that moment when he has
worked his heart out in a good cause and lies exhausted on
the field of battle – victorious."*
(Vince Lombardi)

*"Ich glaube fest daran, dass die schönste Stunde, die Erfüllung
aller Sehnsüchte, eines Mannes der Augenblick ist, in dem er
sich für eine gute Sache völlig verausgabt hat und erschöpft
auf dem Schlachtfeld liegt – erfüllt vom Sieg."*
(Vince Lombardi)

Feldwebel Adam Thomas Bishop, United States Army,
3 Auslandseinsätze in den Irak, nach Afghanistan und Kuwait,
aktuell 8 ½ Dienstjahre und fortlaufend.

Die guten alten Feldjägerzeiten

Wiedersehen mit einer Abordnung der 'Fighting Deuce' der US-MP in Koblenz im Juni 2009, auf der Standortschießanlage Schmidtenhöhe

"You can't spell pimp without MP ..."

"Du kannst Pimp nun mal nicht ohne MP buchstabieren ..."

Hauptmann (w) Tracey Edwards, United States Army Militärpolizei von 2003 – 2009, ein Auslandseinsatz im Rahmen der Operation Iraqi Freedom (OIF) von 2007 – 2008.

30 - Duschgeplänkel

Sommer 2003. Ich war stationiert in Norddeutschland und genoß meine Infanteriezeit bei der der 4./PzGrenBtl 323. Eines Abends, so gegen 21:00 Uhr, machte ich mich auf, von Gebäude 4, wo meine Unterkunft lag, rüber zu den Unterkünften der Grundsausbildung in Gebäude 4a, wo auch unser Ausbilder-Büro war. Ich hatte nach Dienstschluss mein Telefon dort vergessen und zudem wollte ich mir sowieso noch ein paar Unterlagen zur Vorbereitung auf den nächsten Tag mit auf Stube nehmen.

Das Rekruten-Gebäude lag in völliger Stille, aber als ich dann im 1. Obergeschoss an der Gemeinschaftsdusche vorbei lief, konnte ich plötzlich lautes Kichern aus dem Inneren vernehmen.

"Was zur Hölle?", dachte ich mir und öffnete vorsichtig die Tür. Die nächsten drei bis fünf Sekunden liefen wie in Zeitlupe vor meinem Auge ab. Ich gebe zu, ich war irritiert, stark irritiert. Fünf männliche Soldaten. Alle fünf nackt und nur bekleidet mit ihren Badelatschen und ABC-Schutzmasken. Aktuell standen alle unter der laufenden Dusche, jeweils bewaffnet mit einer Flasche Bier und zwei von ihnen, nun ja, zwei von ihnen versuchten sich gerade gegenseitig mit ihren Penisen auf den Bauch zu klatschen.

"Aaaa-chtung!" Ich verschaffte mir kurz Gehör. "Zehn Sekunden, zehn verfickte Sekunden und jeder von Ihnen kleinen Duschlümmeln steht draußen angetreten in dem verfickten Flur!"

Das Ergebnis meines Gebrülls waren fünf weit geöffnete Augenpaare, die mich entsetzt anstarrten. Dann erreichte die Information ihren vorderen Hirnlappen. Die nächsten fünf Sekunden herrschte pures Chaos und letztendlich hatten sie in ihrem Zustand keine Chance die gesetzte Zeit auch nur ansatzweise zu halten.

Etwa 20 Sekunden hinter meiner Vorgabe standen sie dann endlich in Linie zu einem Glied, die Fußspitzen sauber an den Bodenfliesen ausgerichtet, angetreten im Flur. Das Bier hatten sie im Duschraum gelassen, aber sie waren immer noch nackt und trugen auch immer noch ihre ABC Schutzmasken.

"Wie schön, meine Herren, wie schön", startete ich meine Rede während ich mit dem Kopf schüttelte. "Irgendjemand von Ihnen der mir das da gerade erklären möchte?"
Stille.

"Würde wohl irgendjemand von Ihnen mir das gerade erklären?!", wiederholte ich nun lauter und trat dabei näher auf die Gruppe zu.

"Herr Feldwebel, ich ..." Einer der Jungs räusperte sich. "Wir haben doch bloß Schwänzchen-Greifen gespielt!"

"Schwänzchen-was?" Ja, in diesem Moment muss ich wohl ausgesehen haben wie der totale Vollidiot.

"Schwänzchen-Greifen, Herr Feldwebel!", wiederholte nun einer der anderen Soldaten und begann zu erklären: "Der Spieler versucht mit seinem Penis einen Schlag auf dem Bauch der anderen zu landen. Wenn ihm das gelingt, darf er ihnen an den Schwanz greifen. Und dann muss der Getroffene sein Bier exen!"

"Ernsthaft, ja?" Ich holte tief Luft. Was war bloß aus den Zeiten geworden, als man höchstens gemeinsam auf einen Keks wichste oder einfach nur Karten gespielt hat? "Und es kam Ihnen Fünf nicht in den Sinn, dass das für Außenstehende vielleicht ein bißchen schwul aussehen könnte? So ein kleines bißchen?"

"Nun ja, Herr Feldwebel", stammelte jetzt einer der anderen. "Deshalb tragen wir ja die Masken! Von wegen Anonymität und so …"

"Natürlich, Junge." Ich lächelte mild. "Und aus dem gleichen Grund steht ja auch fett mit weißem Edding der Name eines jeden über seinem Mundfilter, richtig?"
Stille. Erneut.

"Bande von Schlaubergern …", Ich seufzte leise. "Okay, die nackten Ärsche zurück unter die Dusche, die Scheiße wegräumen, und dann schreibt mir jeder bis morgen früh 0700[26] eine Din A4 Seite lange Ausarbeitung: Warum mein Schwänzchen auf den Bauch eines Kameraden zu schlagen kein offizieller Sportteil der Bundeswehr ist. Eine Seite, jeder von Ihnen! Alles klar, Mädels?"

"Jawoll, Herr Feldwebel!", donnerte es geschlossen zurück.

"Wie schön." Ich rollte mit den Augen. "Rühren. Und vergessen Sie nicht klein zu schreiben! 0700 – keine Minute später!" Dann ging ich.

Das war vor 10 Jahren. Und seit damals gab es einige Veränderungen – sowohl in der Armee als auch überhaupt. Aber ich hoffe inständig, dass mir Schwänzchen-Greifen niemals als Olympischer Sport wieder begegnet. Falls doch, so werde ich ohne zu zögern meinen Fernseher erschießen – versprochen!

---

[26] gesprochen: Null Siebenhundert

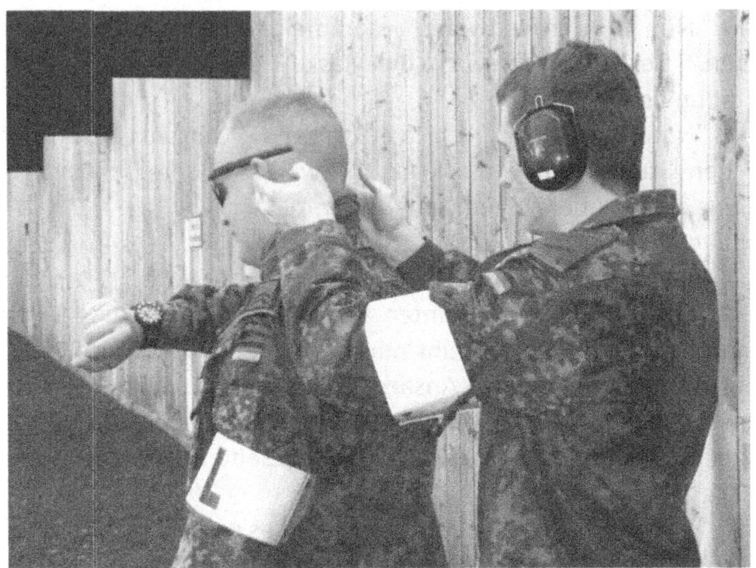

2010 auf der Standortschießanlage in Diez, bei Limburg. Ich hatte gerade unseren amerikanischen Gästen die P-S-3 (WÜ) erklärt und ließ sie nun durch einen meiner Feldwebel im scharfen Schuss vormachen, als ich bemerkte, dass mein Gehörschutz noch hinten, auf der 300m Marke lag. Mein Soldat handelte geistesgegenwärtig.

"Men regard it as their right to return evil for evil – and, if they cannot, feel they have lost their liberty." (Aristotle)

"Männer sehen es als ihr gutes Recht, Böses mit Bösem zu vergelten – und, wenn sie das nicht können, beschleicht sie das Gefühl, ihre Freiheit verloren zu haben." (Aristoteles)

Stabsgefreiter James Acerra, United States Army Militärpolizei von 2007 – 2012, ein Auslandseinsatz im Rahmen der Operation Iraqi Freedom im Jahr 2011.

Part III

Die leicht Anzüglichen

31 - Es war einmal im Wald ...

Ende November 2002 neigte sich die aktuelle Grundausbildung der 4./323 dem Ende zu und es stand mal wieder ein Kompaniebiwak an. Und da das erste Biwak aufgrund organisatorischer Schwierigkeiten seinerzeit ausgefallen war, sollte dies hier, für die meisten unserer jungen Soldaten, sogar das erste Mal überhaupt sein, dass sie im Freien schliefen. Ich war aktuell Feldwebel zu dieser Zeit und gerade mal erst vor gut acht Monaten in den Dienstgrad eines Portepee-Unteroffiziers befördert worden. Dennoch war ich aktuell Zugführer dieses 2. Zuges und führte, aufgrund einiger Personalknappheit, zudem noch meine eigene Gruppe.

Der uns zugewiesene Biwak-Platz lag im sogenannten *Gral*, mitten auf dem Übungsplatz Garlstedt, ca. 25km nördlich von Bremen, und ich hatte mich bezüglich des Aufbaus für eine Art Versteck entschieden. Das hieß, wir bauten nicht die, in den Augen einiger Kommandeure allseits beliebte Römische Zeltstadt mit Dixi-Toilette oder Donnerbalken in der Mitte auf, sondern vielmehr kleine, fast völlig in der Landschaft verschwindende Doppelzeltplanen, angeordnet um ein Feuerloch im Zentrum, als Gruppenplatz. Mein eigenes Zelt, beziehungsweise mein halbes Zelt, die im Soldatenmund sogenannte *Dackelgarage*, lag ein wenig abseits vom Rest der Gruppe. So hatte ich die Möglichkeit, unbemerkt aufzustehen, und meine Kontrollgänge durchzuführen.

Zusammen mit dem Gruppenführer der 2. Gruppe, meinem Kameraden Marcus Salzwedel, ging ich die Postenpläne durch. Wir entschieden uns für eine zwei Stunden Rotation, beginnend ab 20:00 Uhr. Zum einen wurde es bereits ab halb Fünf dunkel und zum anderen war ein Temperaturabfall bis runter auf minus 20 Grad gemeldet.

Gegen 22:00 Uhr machte ich mich von der letzten Lagebesprechung im beheizten Befehlsstand auf den Rückweg in Richtung meiner Gruppe und meines Zeltes. Es war so verdammt kalt und dazu noch der Wind, der mir unbarmherzig durch das dürre Geäst hindurch um die Ohren pfiff. Ich war wirklich froh, dass mir Marcus, zusätzlich zu meinem Schlafsack, noch seinen privaten Poncho-Liner zur Verfügung gestellt hatte. So ein halbes Zelt war schon verdammt kalt. Meine Soldaten konnten ja wenigstens zu zweit noch kuscheln – obwohl, wenn man es sich recht überlegte, so toll war das jetzt auch nicht.

Nach einem kurzen Stop am Feuerloch und einem Gespräch mit der dort eingesetzten Wache, machte ich mich dann daran in meinen Schlafsack zu kriechen. Himmel war das kalt! Welcher Idiot entwickelte bitte Winterschlafsäcke mit einer Maximal-, beziehungsweise Minimalbelastung von plus 7 Grad? Da half auch das etwa 15x15cm große Wärmekissen der US-Army, das mir ein Kamerad mal geschenkt hatte, erstmal nicht weiter. Ich beschloß also erstmal noch einen Kontrollgang zu machen. Und damit ich später auch ein wenig das Gefühl von Wärme empfinden konnte, entschied ich mich, diesen Gang nackt durchzuführen. Naja, nicht ganz nackt. Einen warmen Hals brauchte ich schon – das ist sozusagen mein Erkältungsschwachpunkt. Und sexuell belästigen wollte ich auch niemanden. Somit musste auch die Unterwäsche anbleiben.

Letztendlich verließ ich meine Dackelgarage dann mit Stiefeln, Socken, einer Boxershort im Tarndruck, meinem Feldschal, meiner Patrolienmütze, meiner Koppel und der Maschinenpistole. Und ohne Witz, sah man nur meine Konturen konnte man denken, ich wäre noch bekleidet gewesen. Selbst als ich bäuchlings zwischen die zwei Jungs vom Alarmposten glitt, merkten die nichts. Klar, es war scheiße kalt, aber ich konnte mich wenigstens auf ein bis zwei Stunden wärmenden Schlaf freuen. Und das konnten die, die jetzt gerade, entgegen jeden Ratschlags, mit kompletter Montur in ihren Schlafsäcken bibberten, nicht von sich sagen.

Kurz nach Mitternacht, ich befand mich gerade wieder auf dem Rückweg zu meinem Zelt, sah ich einen weißen Lichtschein, der sich vom Ende der kleinen Anhöhe her flackernd auf mich zubewegte.

"Hey, Soldat!", zischte ich. "Licht Disziplin!"
Die Person stoppte und das Licht ging aus.

"Feldwebel Griebler, sind Sie das?", hörte ich nun im nächsten Moment eine fragende Stimme.

Verdammt. Ich atmete tief durch – mein Kompaniechef. Okay, eigentlich bloß der Z1[27], aber Offizier war Offizier. Ich Glückspilz.

"Gut erkannt, Herr Oberleutnant! Hier!", antwortete ich und lief auf ihn zu. Und wem das Michelin Männchen aus der Werbung ein Begriff ist, der hätte in genau diesem Moment ein fettes Déjà vú gehabt. Oberleutnant Demps, mein Kompaniechef, sah aus, als würde er seinen gesamten Spint mit sich run tragen. Zugeknöpft bis oben, mit zwei Feldjacken, Thermofutter, Wollschal und auf dem Kopf die Bärenfotze.

"Kalte Nacht, was Feldwebel?" Er reichte mir zitternd die Hand.

"Wow." Ich grinste. Fäustlinge auch noch!

"Wollen wir dann mal Ihren Zug abgehen?", fragte er nun.

"Natürlich, Herr Oberleutnant." Ich nickte. "Folgen Sie mir bitte!"

---

[27] Z1 für Zugführer 1. Zug

Im nächsten Moment flackerte hinter mir der weiße Licht-kegel wieder auf. Aber bloß für eine Sekunde. Danach herrschte eine eigenartige Stille. Der ganze Wald schien still zu sein. Dann war Demps Stimme wieder zu hören.

"Feldwebel?" Er klang ziemlich verhalten.

"Herr Oberleutnant?" Ich räusperte mich.

"Sind sie nackt?" Er kam näher.

"Natürlich, Herr Oberleutnant!", antwortete ich nun, als wäre das alles völlig normal. "Nur eine frische Brise für einen Infanterie-Soldaten! Und nun", ich machte einen Schritt rück-wärts, "folgen Sie mir! Sie haben ja sicherlich auch nicht die ganze Nacht Zeit!"

Demps verlor nie mehr ein Wort über diese Begegnung. Zumindest nicht in meiner Gegenwart. Die Batallionsführung brach das Biwak dann am nächsten Tag ab. Nicht wegen mir, aber einem Soldaten eines anderen Zuges waren in dieser Nacht zwei Zehen abgefroren. Eines kann ich aber sagen: Im-mer wenn ich an diese eine Nacht im *Gral* zurück denke, wird mir ein wenig wärmer.

"I am not bound to win, but I am bound to be true ..."
(Abraham Lincoln)

"Ich muß nicht unbedingt gewinnen, aber ich muß ehrlich sein." (Abraham Lincoln)

Feldwebel (w) Nicole Jenkins, United States Army Militärpolizei und Drill-Ausbilder in einer Grundausbildung seit Oktober 2006 und fortlaufend.

32 - Herr Oberstleutnant kuscheln gern

Es war irgendwann im Herbst 2006, als mich mein Chef im Auftrag des Kommandeurs ansprach und mir unterbreitete, dass dieser plane, am nächsten Nimwegen-Marsch teilzunehmen und sich darüber gerne mit mir unterhalten wolle. Aus vorangegangenen kurzen Gesprächen wusste er, dass ich bereits an diversen IML-Märschen (International March League) wie dem Berner Marsch in der Schweiz, dem Dodentocht Marsch in Belgien und auch dem Marche de l'Armée in Luxemburg teilgenommen hatte. Der Nimwegen-, oder auch Holland-Marsch fehlte mir noch. Und für den Kommandeur sollte es sein Erster sein. Doch während die meisten Märsche bloß auf zwei Tagesetappen ausgelegt waren und der belgische Dodentocht sogar nur auf eine einzige, allerdings 100km in 24 Stunden, handelte es sich beim Nimwegen-Marsch um ein Event der Königsklasse: vier direkt aufeinanderfolgende Tage, an denen jeweils 50km zu absolvieren waren. Das hieß 200km insgesamt und das war kein Kinderspiel, was vor allem die Zahlen zeigten. Von weit über 40.000 Startern jedes Jahr kamen am letzten Tag meist bloß nur noch gut 8.000 Marschierer ins Ziel. Eine echte Herausforderung also.

"Ich bin dabei, Herr Oberstleutnant", antwortete ich somit bloß, als es dann eine Woche später zu einem persönlichen Gespräch kam.

Das nächste Mal hörte ich von ihm im Frühjahr 2007, als er mir meine Anmeldung überreichte.

"Ich habe es geschafft, uns beide beim Hildener Bataillon anzugliedern", erklärte er mir. "Die stellen jedes Jahr eine Laufgruppe aus ihrer Mitte und der Leitende war so freundlich, uns als Gastmarschierer aufzunehmen." Er überreichte mir einen Zettel mit einem Namen und einer Telefonnummer. "Bezüglich der Feinabsprachen. Wir sehen uns dann dort!"

"Wir sehen uns dort, Herr Oberstleutnant", wiederholte ich. Und schließlich, Mitte Juli, war es dann soweit. Als Adresse hatte mir der Hildener Major, welcher die Organisation der Unterbringung und des Ablaufs innehatte, einen kleinen Bauernhof, unweit der holländischen Grenze und etwa 10km entfernt vom Veranstaltungsort, genannt. Ich traf gegen 14:00 Uhr dort ein und wurde sogleich herzlich durch den Leitenden begrüßt. Und als er mir eröffnete, dass ich mir, auf Grund der Tatsache, dass wir die einzigen 'Fremdkörper' waren und der zur Verfügung stehende Raum recht begrenzt war, mit meinem Kommandeur ein Zimmer teilen müsse, fand ich das auch nicht weiter schlimm.

"Kein Problem, Herr Major, wirklich..", antwortete ich bloß lächelnd. Auch wenn ich meine Privatsphäre sehr zu schätzen weiß, war ich einfach froh, dass ich endlich marschieren durfte. Eine normale Anmeldebewerbung für Einzelmarschierer war fast unmöglich seit die Zahlen so explodierten. Allerdings war das noch zu dem Zeitpunkt, als ich noch nicht wusste, dass es sich nicht nur um das gleiche Zimmer, sondern auch um das gleiche Bett handelte.

"Verdammt", seufzte ich leise, als ich dann allein war. Das war definitiv zu wenig Privatsphäre. Mein Kommandeur traf eine Stunde später ein.

"Naja, Oberfeld", murmelte er, nachdem er sich einen kurzen Überblick über die Situation verschafft hatte. "Ist ja nur für fünf Nächte. Ich schlafe übrigens auf der rechten Seite. Und sollte ich schnarchen", er blickte mir väterlich in die Augen, "stupsen Sie mich einfach an, Oberfeld."

"Stupsen, jawoll." Oh man, Worte wie diese klingen mal sowas von falsch aus dem Mund deines Bataillons Kommandeurs. Aber der Tag ging unweigerlich irgendwann zur Neige, und nach zwei bis drei Dienstabschluss-Bierchen mit den anderen teilnehmenden Portepees, konnte ich es schließlich nicht länger hinauszögern. Leise schlich ich ins Schlafzimmer. Der Kommandeur war bereits am schlafen. Und er lag nicht rechts, sondern mittig, die Arme weit in beide Richtungen von sich gestreckt. Darüber hinaus schnarchte er wie ein Halbzug russischer Infanterie.

"Griebler, du arme Sau ...", murmelte ich leise zu mir selbst und zog mir die Uniform aus. Und ich hatte noch nicht mal Gehörschutz mit. Mich vorsichtig, auf den halben, mir verbleibenden Meter kuschelnd, erinnerte ich mich seiner Worte.

"Stupsen Sie mich einfach an, Oberfeld." Haha. Ich schüttelte den Kopf. Und dann, am 17. Juli 2007, um 23:24 Uhr Mitteleuropäischer Sommerzeit, stupste ich meinen Kommandeur in die Seite.

Doch nichts passierte. Und er schnarchte immer noch. Ich stupste ein weiteres Mal. Wieder nichts. Und noch einmal. In diesem Moment drehte er sich auf die Seite und in der gleichen Sekunde nahm er mich in den Arm, drückte seinen Kopf auf meinen Brustkorb und umklammerte meinen linken Oberschenkel mit dem seinen.

"Wirklich, Herr Oberstleutnant?" Mein Herz stand still. "Sie wollen kuscheln?" Ich wusste nicht, was ich sagen, geschweige denn tun sollte. Das war vermutlich die absolut schlimmste Nicht-Okay-Situation aller Zeiten.

"Herr Oberstleutnant? Entschuldigung?" Ich versuchte es mit einer direkten Ansprache. "Herr Oberstleutnant?" Langsam auf dem Rücken rutschend bewegte ich mich nach unten. Ich weiß nicht, wie lange es insgesamt dauerte, aber es dauerte. Schließlich kam ich aber am Fußende raus, glitt vorsichtig aus dem Bett und verließ so schnell ich konnte das Zimmer.

Den Rest der Nacht verbrachte ich draußen, auf einer Hunde-
decke liegend hinter meinem Auto. Die Moskitos waren so
viel besser als alles was da drin gelaufen war.

Am nächsten Tag erzählte ich meinem Kommandeur bloß,
dass ich etwas Frischluft brauchte. Und das war nicht die einzige Nacht, in der ich die Decke und die Moskitos bevorzugte.
Und der Nimwegen-Marsch selbst? Nun ja, das ist eine andere
Geschichte. Aber eines noch zum Schluss: Schneller befördert
wurde ich durch die Sache leider auch nicht ...

"Courage is being scared to death but saddling up anyway."
(John Wayne)

"Mut bedeutet, trotz Todesangst das Pferd zu satteln."
(John Wayne)

Sanitäts-Stabsunteroffizier (w) Ranelle Robbins, United States
Navy, 4 Auslandseinsätze, Al Anbar Province Iraq, im Mai – De-
zember 2006, Al Quaim Iraq, im April – November 2008, Camp
Dwyer Afghanistan, im Februar – Oktober 2009, Kandahar
Afghanistan, im July 2012 – März 2013, aktuell knapp 9 Dienst-
jahre und fortlaufend.

33 - Das Bu

In Zeiten, in denen die Gleichstellung homosexueller Paare immer mehr in den Fokus der Öffentlichkeit rückt, und das schwul oder lesbisch sein sogar mittlerweile in konservativen Lobbys wie dem US-Militär geduldet wird, möchte ich auch gerne meine eigene Erfahrung zu diesem Thema beisteuern. Klar, ich habe während meiner Dienstzeit oft Männer getroffen, die die Kameradschaft von anderen Männern der von Frauen vorzogen – so wie die zwei Soldaten im Alarmposten, damals auf Schmidtenhöhe. Die, die mein Kamerad Horn dann leicht unsanft mit Hilfe seiner Signalpistole wieder in Erinnerung ihrer Pflichten brachte. Aber so einen, wie der, von dem ich in dieser Geschichte berichten möchte, so einer war mir zuvor noch nicht begegnet.

Es geschah in einer lauwarmen Spätsommernacht im Jahr 2005. Meine zwei Kameraden Otto und Hanzl kamen gerade von einer Stadtstreife zurück und überprüften jetzt noch das Kasernenobjekt, als sie Bewegungen in einem abgeparkten Fahrzeug, hinter dem Ostgebäude des Kreiswehrersatzamtes wahrnahmen. Irgendetwas reflecktierte dort im Inneren. Eine Jacke möglicherweise. Und als sie das ganze näher in Augenschein nahmen, stiegen zwei Männer aus dem Fahrzeug. Bei dem einen handelte es sich um einen unbekannten Offizier aus der Nachbarkaserne, und bei dem anderen um den Hauptgefreiten Busza aus unserer Instandsetzung. Soweit nicht weiter schlimm, jedoch hatten zu diesem Zeitpunkt beide ihre Hosen in den Kniekehlen hängen und verhielten sich wohl auch sonst ziemlich verdächtig. Dennoch ließen Otto und Hanzl die Sache erstmal auf sich beruhen und versprachen, kein großes Aufsehen darum zu machen. Letztendlich war es aber der Hauptgefreite Busza selbst, dem das Ganze wohl keine Ruhe ließ, und nachdem er dem Feldjäger vom Dienst (kurz FJgvDst) noch in der gleichen Nacht, frisch von der Tanke, ein Fläschchen Dankeschön-Prosecco vorbeibrachte, beschloß er sich dann auch gleich am nächsten Tag schnell vor der gesamten Front zu outen.

Damit war die Katze dann aus dem Sack und das was folgte, war ein sehr persönliches Gespräch beim Spieß.

"Ja, äh, also äh, Busza", begann dieser bei geöffneter Bürotür. "Ich äh, ich hab da so ein Gerücht gehört."

"Was denn?" Busza sah ihn an. "Dass ich schwul bin?" Ja, er stand dazu. Was es dem Spieß nicht wirklich leichter machte. Dass dieser ein wenig homophob war und erzkonservativ noch dazu, das war kein Geheimnis.

"Nein, nein!" Der Spieß winkte hektisch ab. "Es äh, es gibt da aber wirklich böse Zungen, die behaupten, dass Sie äh nun ja, homo – Sie wissen schon!"

"Naja klar, Herr Stabsfeldwebel." Busza nickte lächelnd. "Ich bin schwul!"

"Schsch ... ja." Der Spieß nickte ebenfalls. Das Wort schwul wollte ihm aber noch nicht so richtig über die Lippen kommen.

"Sie meinen, das ist eine Phase, ja?", setzte er erneut an.

"Ich denke nicht, Herr Stabsfeldwebel." Busza grinste. "Ich lutsche Schwänze."

"Schsch ..." Noch ein Wort, dass der Spieß in diesem Zusammenhang nicht fähig war, auszusprechen. "Sie, Sie müssen mich jetzt auch mal verstehen", fuhr er dann fort. "Ich, ich hab Sie gerade erst zum FA[28] gemacht!" Er wischte sich den Schweiß von der Stirn. "Ich hab Kinder! Eine Tochter und auch einen Sohn. Und das", erschöpft ließ er sich in seinen Sessel

---

[28] Feldwebelanwärter

fallen, "das ist ja, wie wenn meine Tochter mit 'nem Hartzer heimkommt!"

Stille. Sowohl im Büro, als auch auf dem Gang. Ein durchaus interessanter Vergleich, aber Einfühlungsvermögen war eh nie so seins gewesen und Busza ab jetzt offiziell unser Kompanie-Schwulchen.

So richtig zu tun hatte ich mit ihm aber erst, als er 2006 von seinem Unteroffizierslehrgang Teil II wiederkam und fertig ausgebildeter Feldjäger-Streifenbegleiter war. Es war Juni und Deutschland brannte im Fieber der Fußballweltmeisterschaft. Und zum ersten Mal, neben Katastropheneinsätzen wie der Bekämpfung von Hochwasserfluten oder der Eingrenzung der Vogelgrippe oder der Maul- und Klauenseuche, hatte die Bundesregierung den Streitkräften Inlandaufgaben zugewiesen. Unsere bestand darin, im Falle einer Großevakuierung, zusätzliche Kräfte aus dem Bundeswehr-Sanitätswesen heranzuführen und die nötigen Absperrmaßnahmen zu treffen. Im Klartext hieß das etwa sechs Wochen gemeinsames Grillen mit den Sannis und jederzeit bereit sein, auf die Fahrzeuge aufzuspringen und zu verlegen – zwei Stunden vor dem jeweiligen Spiel bis vier Stunden danach.

Ich weiß nicht mehr genau wie es passierte, aber irgendwann war da dieser Moment, in dem zwei wirklich gut aussehende Sanitätssoldatinnen vorbeimarschierten und ich in Gedanken murmelte:

"Mensch Busza, mal mit zwei Frauen, das ist doch auch der Traum eines jeden Mannes ...", und Busza bloß antwortete:

"Och, mit zwei Männern hatte ich gestern!" Und als wäre diese Aussage nicht bereits genug, fuhr er dann fort:

"Einen von denen kannte ich ja bereits und der ist auch wirklich nicht hübsch, aber nett. Aber sein Freund", er leckte sich über die Lippen, "der war hier wegen der Weltmeister-schaft. Ein Lette, ein sehr gut bestückter Lette!"

Okay, das war nun selbst für jemanden wie mich zuviel Information und ich beendete das ganze mit einem kurzen:

"Schnauze, Busza!" Doch egal, wie schnell ich es beendet hatte, noch ein bis zwei Tage verfolgte mich dieser Kurzfilm von drei nackten Kerlen, die Hand in Hand, ein gut bestückter Lette in der Mitte, gemeinsam ins Bett sprangen – verdammtes Kopfkino.

Ein weiters Beispiel von Buszas fehlender Scham erreichte uns ca. zwei Monate später beim morgendlichen Kaffee. In dem Moment nämlich, als Dieter, unser Stabsfeldwebel und stellvertretender Zugführer, den Fehler machte, offen in die Runde zu Fragen, wie so die einzelnen Wochenenden waren.

"Wir waren campen."

"Ich war mit meiner Freundin im Phantasialand."

"Wir haben uns Autos angeschaut." Das waren so die nor-malen Antworten. Dann kam Busza:

"Ich war am Wochenende bei den Eltern von meinem neu-en Freund und soviel Sex hatte ich noch nie." Und kaum ge-sagt, leckte er sich die Sahnecreme von seiner heißen Schoko-lade runter. Das war das erste Mal, dass ich Dieter wirklich sprachlos sah.

"Schnauze, Busza!", rief nun glücklicherweise jemand von links. Doch Busza fuhr unbeeindruckt fort:

"Erst sechzehn Jahre alt", seufzte er, "aber er kann blasen wie der Teufel!"

Ja, das waren diese echten, ehrlichen Busza Momente und ab sofort schrieb ich auch nicht mehr seinen Klarnamen auf die Patroillen-Tafel, sondern vielmehr entschied ich mich für das Synonym *Burschenluder*. Vor allem, nachdem ihn Hanzl dann mal gefragt hatte, ob er nun eigentlich das Brötchen oder das Würstchen sei. Buszas Antwort darauf kann sich sicherlich jeder denken. Unser neuer Oberleutnant fand das jedoch gar nicht so witzig.

"Das, das können Sie nicht tun! Das ist Diskriminierung!", stammelte er und wedelte dabei hektisch mit den Armen, als ginge es hier um seine Karriere. "Oberfeldwebel!" Er griff sich den Schwamm. "Wir kommen alle in Teufels ..." Mit halb offen stehendem Mund hielt er inne. Busza, links und rechts eine Einsatztasche am langen Arm schlurfte, durch die Tür des Dienstkommandos.

"Hallo Herr Oberleutnant", grüßte er freundlich und die Taschen neben sich abstellend. "Mmmmm ..." Schnuppernd kam er mit der Nase ein Stückchen näher. "Neues Parfüm?"

Damit war dann auch das abgehakt und ab sofort lag auch immer ein neuer Filzstift bereit. Schließlich musste man den Tafelanschrieb ja auch gut lesen können – aus taktischen Gründen natürlich.

Letztendlich arbeiteten Busza und ich mehr als sieben Jahre miteinander und wie in jeder guten Beziehung gab es auch bei uns diese besonderen Momente. Sprich Schoko-Dildos zu Weihnachten oder Kondome in den verschiedenen Farben der Truppengattungen ins Einsatzland, um es ihm leichter zu machen, seine jeweiligen Lover auch richtig zuzuordnen. Unsere letzte gemeinsame Schicht bestritten wir an Weihnachten 2010 und nachdem wir bereits ein halbes dutzend Bars und Clubs in zivil bestreift hatten, bat er mich um einen besonderen Gefallen.

"Können wir vielleicht mal kurz an meinem Lieblingsladen für einen Kaffee anhalten?", fragte er.

Nun, ich hab es bereits schon einmal erwähnt. Als MP kann man seine Pausen frei wählen und dahin gehen, wo man will.

Auch in eine Schwulenbar – selbst wenn ich da eigentlich nicht hin wollte. Aber es war ja Weihnachten.

"Nach dir, Heiko." Ich schubste ihn zur Tür rein.

"Heiko, Süßer!" Schon erfolgte die stürmische Begrüßung in Form eines kuchelbedürftigen Kellners. Küßchen links, Küßchen rechts und ein Klaps auf den Po. Also er bei Heiko. Mich begrüßte er mit den Worten:

"Und wer ist dein böse dreinblickender Freund?" Dann tastete er Heiko noch um die Taille herum ab und als er dort die im Holster befindlichen Handschließen fand, war Heikos Verabredung für den nächsten Morgen dann auch geritzt.

"Und, was wollt Ihr zwei Hübschen trinken?", fragte er dann.

"'Ne Cola", säuselte Heiko in seiner ihm typischen Art.

"Und du, mein Großer?" Erwartungsvoll sah der Kellner mich an.

"Kaffee, schwarz", murmelte ich. "Ohne alles. Ist ja schon süß genug hier drin." Und im gleichen Monment lüftete ich ein Stück meine Jacke, so dass er meine Dienstwaffe sehen konnte.

"Oh Großer!" Seinen Zeigefinger in den Mund steckend verzog der Kellner sein Gesicht zu einer enttäuschten Schnute. "Nich so grob!"

Nun, darauf konnte ich nun auch nichts mehr antworten. Aber nur um es mal festzuhalten. Vor 2020 werde ich wohl keinen Fuß mehr in eine Schwulen-Bar setzen. Das war genug der Erfahrung für die nächten zehn Jahre. Allerliebst. Aber Buszas Art war schon genial. Ich finde es bewundernswert, wie offen er damit umging. Manchmal vielleicht einen kleinen Tick zu offen. Vor allem in den Momenten, in denen wir neue Soldaten in die Kompanie bekamen und er eine Woche lang um sie herumschlich, wie eine Hyäne um ein saftiges Stück

Zebra-Kadaver. Vor allem einer hatte es ihm angetan. Er kam damals in meine Teileinheit. 19 Jahre alt, dunkle Haare bis in die Stirn, schlank und vom Typ her ein ganz lieber und schüchterner. Was hieß, das er genau in Heikos Beuteschema passte.

Ich erinner mich noch an den Tag, als wäre es gestern, als dieser Soldat mich fragte, ob es in Ordnung sei, wenn man als Manschaftssoldat nach Dienst etwas mit einem Dienstgrad unternahm.

"Was genau?" Ich sah ihn an. "McDonalds, Kino, Bar? Klar, kein Problem! Warum sollte jemand was dagegen haben? Ich mach das ja auch. Und solange das Vorgesetztenverhältnis darunter nicht leidet. Ich gehe ja auch mit dem Kameraden Knorr und anderen Unteroffizieren saufen und selbst wenn wir voll wie ein Bataillon Russen sind, nennt er mich noch Herr Oberfeldwebel." Das zu meiner Ausführung.

"Fantastisch!", antwortete der Soldat. "Vielen Dank, Herr Oberfeldwebel. Der Stabsunteroffizier Busza hatte mich nämlich ge ..."

"Nicht in Ordnung!", unterbrach ich hastig. "Das ist nicht in Ordnung! Vergessen Sie alles, was ich gerade gesagt habe!" Und mit diesen Worten setzte ich ihn vor die Tür. Der arme Junge hatte ja keine Ahnung und schließlich auch noch eine Freundin daheim! Aber netter Versuch Busza!

Doch neben der Jagd auf junge Soldaten liebte Heiko auch hier und da die Jagd auf ältere – sofern sie ins Gesamtschema passten. Denn wie heißt es doch so schön? In der Not frisst der Teufel Fliegen. Wie an diesem einen Wochenende, als meine Kameraden Othis und Langenberg die Nachtschicht fuhren und Heiko dageblieben war, weil am Wochenende die Chance am größten war, unten im Fitnessstudio ein paar junge Knaben abzufassen. Othis und Langenberg arbeiteten von Freitag auf Samstag, von Samstag auf Sonntag und von Sonntag auf Montag. Jedesmal von 19:00 Uhr abends bis um 07:00 Uhr morgens, was hieß, dass, wenn sie ausgeschlafen hatten, so gegen 15:00 Uhr, sie erst mal duschen gingen. So auch an diesem Samstagnachmittag. Doch kaum stellten sie das Wasser an, da hörten sie auch schon zwei Stockwerke darüber eine Tür schlagen, dann das unverwechselbare Geräusch von Flip-Flops die über den Gang und die Treppe runter schlurften und schon stand Heiko in der Tür. Sein überrraschtes:

"Ach, ihr wolltet auch gerade duschen?", nahm ihm allerdings keiner der Beiden so richtig ab.

"Sehr witzig, Heiko!", dachten sich Othis und Langenberg und wollten am nächsten Tag schlauer sein. Am Sonntagnachmittag schlichen sie also in Richtung Dusche. Doch kaum stellten sie das Wasser an, geschah das Gleiche – nur eben mit ein paar Sekunden Verzögerung. Das Schlagen der Tür, dann das Geräusch von Flip-Flops auf dem gefliesten Boden – diesmal allerdings rennenderweise. Weiter wollten sie es nicht kommen lassen. Schnell stürmten sie aus der Dusche und schafften es gerade noch so, in der auf der anderen Seite des Flurs liegenden Toilettenkabine zu verschwinden. Dort warteten sie ab. Muksmäuschenstill und bestimmt an die 15 Minuten. Genug Zeit für Heiko um sich zu säubern – allein. Dann starteten sie einen erneuten Versuch und betraten frischen Mutes erneut den Duschraum. Doch kaum gingen sie um die Ecke zu den Brausen, saß Heiko da.

"Wo wart ihr denn so lange?", fragte er, dort mit übereinandergeschlagenen Beinen verharrend und lüftete sein Handtuch. "Also, duschen wir jetzt?"

Ja, Heiko war sehr, sehr ausdauernd. Vermutlich hätte er auch eine ganze Stunde dort gewartet. Und die Moral von der Geschichte? Versuche nie jemanden auszutricksen, der bereits Blut geleckt hat.

Aber unser guter Heiko war nicht nur kompaniebekannt. Vielmehr ist er sogar verantwortlich für ein neues amerikanisches Wort. Denn eines Abends, wir waren alle zusammen trinken, und ich hatte zudem ein paar US-amerikanische Freunde aus Mannheim zu Besuch, kamen wir auf das Thema Homosexualität in der Armee. Na ja, wir kamen nicht einfach so darauf, vielmehr hatte uns Heiko mit seinen Flirtversuchen beim Publikum nahezu daruf hingestoßen. Und auch wenn schwul sein nicht wirklich populär war in der US-Army, zu dieser Zeit fanden ihn meine Freunde durchweg genial. Genial, aber für amerikanische Verhältnisse eben extrem schwul. Und da Heiko in seinem Social-Network-Profil auch bloß ein Namenskürzel verwendete, entstand nach ein paar Whiskey und Cocktails die neue Steigerungsform von schwul. Nämlich Schwul, Bu und über-Bu. Nahezu großartig!

Aber wie auch immer, neben all den kleinen schwulen Anekdoten und Witzchen, gab es immer noch Heiko den Soldaten. In all den Jahren, die wir zusammen gedient haben, konnte ich mich immer auf ihn verlassen. Und Angst hatte ich nie – ich war ihm eh zu alt glücklicherweise.

2010 war Heiko einer der ersten Soldaten der Kompanie, dem für seinen Einsatz in Afghanistan die neu gestiftete Gefechts-Auszeichnung verliehen wurde. Ich denke, mehr muss man nicht sagen. Ich jedenfalls bin stolz, Heiko meinen Freund nennen zu dürfen!

13 YEARS OF SERVICE

PER MATTHIAS GRIEBLER

*"Men destroy what they do not understand, as they destroyed
the son of God when he chose to walk among us;
I do not wish to be understood. I wish to be left alone ..."*
(Louis L'Amour)

*"Die Menschen zerstören, was sie nicht verstehen, so wie sie
den Sohn Gottes zerstört haben, als er unter uns weilte;
Ich möchte nicht verstanden, ich möchte in Ruhe gelassen
werden ..."*
(Louis L'Amour)

Stabsunteroffizier a.D. Robert Garcia, United States Marine
Infanterie von 1971 bis 1983, 3 Auslandseinsätze nach
Israel 1973, Cypern 1973 und Vietnam 1975.

34 - Kalinka Maya

Soll ich euch mal verraten, was das Coolste an Personenschutzeinsätzen ist? Nicht etwa die schusshemmenden Oakley-Brillen und die schwarzen 5er BMW. Vielmehr heißt Personenschützer sein, nahezu die gleichen Annehmlichkeiten zu genießen, wie das zu schützende 'Paket' – zumindest beim Militär war das so.

Dieses Mal drehte sich unser Job um eine Delegation weißrussischer Offiziere aus Minsk, die allerdings mehr Zeit auf Wodka und die aktuellen Schnäppchenangebote im naheliegenden Aldi verwendeten, als auf ihren Auftrag. Dieser bestand eigentlich in der Bestandsfeststellung alliierter Panzerfahrzeuge in einer Liegenschaft der US-Army in Hessen. Das widerrum hieß für uns freie PX-Touren, gemeinsame Unterbringung mit der Delegation in einem nahegelegenen 5-Sterne Sporthotel – natürlich standesgemäß in geräumigen Einzelzimmern mit Whirlpool-Wanne und Pay-TV, und drei Mal täglich eine warme Mahlzeit. Was die Russen anging, ich hatte in der gesamten Woche nicht einmal das Gefühl, dass einer von ihnen etwas Antialkoholisches zu sich nahm. Selbst den Guten-Morgen-Kaffee gab es nicht unter einem drei Finger breiten Schuss.

Irgendwann entschlossen sich sechs der neun Russen dann die zum Haus gehörende Sauna im Keller des Hotels zu erkunden und da ich von unserem Team wohl der Sauna erprobteste war, bekam ich den Befehl, sie dorthin zu begleiten.

"Saunieren ist nicht wirklich meins", murmelte Ingo, mein Kommandoführer für diesen Einsatz. "Nimm die Maschinenpistole und dein Funkgerät mit. Ich bin oben in der Lobby."

'Alles klar', dachte ich mir. 'Sauna ist jetzt nicht sooo schlecht.' Also ging ich auf mein Zimmer und schnappte mir meine Sachen. Beziehungsweise, ich ließ meine Sachen dort. Nur mit einem Handtuch um die Hüften, die Badelatschen an den Füßen und meiner Ausrüstung, ging ich in Richtung Fahrstuhl. Der Zweckmäßigkeit halber hatte ich mir mein Funkgerät und die Pistole vorne ins Handtuch gesteckt und mit dem Knoten leicht kaschiert. Die Maschinenpistole widerrum hatte ich in ein zweites Handtuch gewickelt und trug sie unter dem linken Arm. So betrat ich den Fahrstuhl. Acht Stockwerke abwärts, bis zur Sauna-Ebene.

Im sechsten Stock stieg eine attraktive Frau mitte Dreißig zu, und dann im fünften eine ältere Dame Anfang der Siebzig. Und wie das immer so ist in Fahrstühlen, meist beschränkt sich die Konversation auf ein kurzes Nicken. Im vierten Stock stieg die ältere Dame dann auch schon wieder aus. Und während sie das tat, drückte sie freundlicherweise nochmal mit ihrem abstehenden Handtaschen-Ellenbogen sämtliche Knöpfe von hier bis in den Keller. Ich rollte amüsiert mit den Augen. Wir hielten also erneut im dritten und anschließend auch im zweiten. Um das Ganze etwas zu beschleunigen streckte ich den Arm aus und versuchte die Tür, als wir dann im ersten hielten, und dort ebenfalls niemand zusteigen wollte, direkt durch Drücken des 'Abwärts-Knopfes' wieder zu schließen.

Das war der Moment, in dem ich realisierte, dass mein Handtuchknoten sich langsam löste. Und ehe ich zugreifen konnte, sprang auch schon das Funkgerät hinaus und ich schaffte es gerade noch so, mit einem beherzten Griff, die Pistole daran zu hindern, das Selbe zu tun. Jedoch hatte ich für diese Aktion die Hilfe meiner linken Hand benötigt und während ich nun mit erschrecken zusah, wie, aufgrund der ruckartigen Bewegung, das zweite Handtuch dort langsam von der Maschinenpistole rutschte, sprang der Knoten meines Hüfthandtuchs jetzt vollends auf. Das Ende vom Lied war, dass beide Handtücher samt Funkgerät vor und neben mir am Fahrstuhlboden lagen und ich mit der Maschinenpistole in der Linken und meiner P8 in der Rechten, nur noch mit meinen Badelatschen bekleidet, in der Mitte stand. Kein Scherz.

Die junge Frau sah mich an. Ich räusperte mich. Und mal ganz ehrlich, was würdet ihr in solch einem Moment bitte sagen. Sie sagte nichts. Und ich:

"Herzlichen Glückwunsch zum Geburtstag!"

"Life is 10% what happens to you and 90% how you react to it ..."
(Charles R. Swindoll)

"Das Leben besteht zu 10% aus dem, was dir passiert und zu 90% wie du darauf reagierst."
(Charles R. Swindoll)

Stabsunteroffizier (w) Samantha A. Melanson, United States Army Militärpolizei, 2 Auslandseinsätze in den Irak im Rahmen der Operation Iraqi Freedom und einer nach Haiti, aktuell 7 Dienstjahre und fortlaufend.

35 - Das unschuldige Rehlein

Fast jeder Soldat lebt nach bestimmten Grundsätzen. Regeln, die er sich teils selbst auferlegt und andererseits auch solche, die auf alten, oder sehr alten Traditionen fußen. Militärische Regeln eben, meist ausgerichtet auf das Korps, Gott, die Familie oder die Kameradschaft. Grundsätze der Ehre und Ehrenhaftigkeit. Meine drei goldenen Regeln beim Militär waren immer:

- Nicht der Dienstgrad zählt, sondern vielmehr der Mensch dahinter,

- Sagt niemals: "Los geht!", sondern seid immer Vorbilder mit: "Los kommt!", was zurückzuführen ist auf einen bekannten deutschen Infanterie General während der Zeit des zweiten Weltkriegs, und:

- Never fuck the Company, was einfach nur heißt: Vögele niemals die Kompanie!

Nun, Regel Nummer Drei war die einzige die ich jemals gebrochen habe. Und zwar in meinem achten Dienstjahr.

In dieser Geschichte werde ich die Person, mit der mir das passierte, bloß "G." nennen und das erste Mal, als ich sie traf, war im Frühjahr 2005. G. war eine junge Gefreite OA (Offiziersanwärter) und gerade an diesem Tag frisch in unsere Kompanie zuversetzt worden, als sie meinem Einsatzoffizier folgend, das Dienstkommando betrat.

"Oberfeldwebel! Sie sind doch der Feldjäger vom Dienst heute, richtig?", fragte er und trat sofort zu mir durch hinter das Pult. "Das ist die Gefreite G.", stellte er dann, mit dem Finger auf sie zeigend, seine Begleitung vor. "Sie wird für drei Monate unsere Kompanie verstärken, bevor es für sie zum Lehrgang an die OSH in Dresden geht."

"Das heißt jetzt genau?" Ich sah ihn fragend an.

"Nun, das heißt", fuhr er fort, "Sie werden ihr heute alles zeigen, was notwendig ist, um sich auf unserem Dienstkommando und im Dienstgebiet zurechtzufinden. Kümmern Sie sich um sie. Sie kommt in Ihren Zug. Fragen?"

"Keine Fragen, Herr Hauptmann", antwortete ich – damals. Nun, heute hätte ich welche. Zumindest hätte ich gefragt, was genau er mit den Worten "Kümmern sie sich um sie" gemeint hatte. Nur zur Sicherheit.

"1. Zug, ja?", fragte ich dann erneut, als der Hauptmann das Dienstkommando wieder verlassen hatte.

"1. Zug, Herr Oberfeldwebel. Jawoll", antwortete G. schüchtern und mit ihren zarten 19 Jahren dabei ausschauend, als würde sie gleich vor Scham zerspringen.

"Schon mal auf einem Dienstkommando gewesen?" Ich winkte das kleine Rehlein zu mir ran.

"Nein, Herr Oberfeldwebel." Sie schüttelte den Kopf. G. sah mehr aus wie ein kleines Schulmädchen, als ein Soldat. Aber ich hatte meinen Auftrag. In den nächsten drei Stunden erhielt sie eine umfangreiche Kompletteinweisung: Pult, Telefonanlage, Funk, Überwachungsbildschirme, Lagekarten, Einsatzgebiete und Schwerpunkte, Fuhrpark, Bewaffnung – G. stellte viele Fragen und ihre anfängliche Schüchternheit war regem Interesse gewichen. Dann, gegen 14:00 Uhr, kam meine Streife zurück.

"Was hast du denn da eingekauft?", fragte Pascal, kaum dass er das Dienstkommando betrat und G. neben mir sah.

"Nachwuchs für unseren Zug!", antwortete ich lachend. "Sie dürfen doch eine Waffe tragen, oder?", wandte ich mich dann an die Neue und griff mir meine Unterziehweste.

"Natürlich, Herr Oberfeldwebel!", antwortete sie hastig. "Ich bin ausgebildet am G36 und an der P8!", fuhr sie dann stolz fort. "Fahren wir auf Streife?"

"Wir fahren auf Streife." Ich nickte zustimmend. "Pascal?"

"Geht sofort los." Pascal gab seinem Streifenbegleiter ein Zeichen das Pult zu besetzen. "Einmal City-Tour für unsere Neue."

City-Tour, so nannten wir unsere Objekt-Runde, auf der wir neuen Soldaten, und hin und wieder auch Praktikanten, die Schwerpunkte unseres Standortes zeigten: die Polizeireviere, das Truppendienstgericht, die wichtigsten Diskotheken, das Deutsche Eck mit dem alten Kreuzritterorden, den Hauptbahnhof, das Bundeswehr Zentralkrankenhaus, die Festung Ehrenbreitstein mit dem Ehrenmal des Herres — für gewöhnlich dauerte so eine Tour etwa zwei bis zweieinhalb Stunden.

"Und?", fragte Pascal irgendwann nach hinten. "Heute noch was vor, Gefreite? Weil, wir wollen alle später noch mal in die Stadt und Sie sind ja nun in unserem Zug, richtig?"

"Richtig", ergänzte ich zustimmend. "Zugabend! Eigentlich die perfekte Gelegenheit für Sie, um alle kennenzulernen!"

"Sie haben wohl alle frei, ja? Ich, ich hab nämlich Dienst morgen", antwortete G. kleinlaut. "Den doofen Laufzettel abarbeiten. Aber", grinsend zuckte sie mit den Schultern, "Lust hätt' ich schon! Wann geht's denn los?"

Sechs Stunden später saßen wir alle in zwei Großraumtaxis in Richtung Stadt. Eine rundum illustre Truppe aus sieben Kerlen und drei Mädels. Unser nächster Schicht-Rhythmus startete erst wieder am Samstagabend und somit war das jetzt unser Wochenende.

Ein paar Minuten später betraten wir den Club. Es war kurz nach Zehn und da der Laden erst ein paar Minuten zuvor aufgemacht hatte, war noch nicht allzu viel los.

"Kommen Sie mit mir an die Bar, Herr Oberfeldwebel?", fragte G., sich frech bei mir unterhakend, "ich hab da noch so viele Fragen!"

"Was? Ja, alles klar." Verdutzt stolperte ich ihr hinterher. "Was trinken Sie denn?"

"Na ja", sie grinste. "Was trinken Sie denn? Sambucca?"

"Sambucca?" Ich räusperte mich. Das ging ja mal stramm los. "Gute Wahl", antwortete ich. "Also zwei Sambucca!"

14 Sambucca und unzählige Fragen über Schichtrythmen, Auslandsverwendungen und eigenmächtig abwesende Soldaten später:

"Was, was war Ihre letzte Frage nochmal?"

"Ihre Spezialisierung, Herr Oberfeldwebel. Ich habe Sie nach Ihrer Spezialisierung gefragt."

"Meine Spezialisierung? Ach so, ja …" Ich nickte. "Luftsicherheitsfeldwebel, und ich muss jetzt echt mal auf's Klo!" Dann stolperte ich davon. Die Kleine wollte mich anscheinend wirklich abfüllen, denn als ich wiederkam standen bereits drei neue Sambucca bereit. Drei für jeden von uns.

'Das kann ja noch was werden', dachte ich mir. Und so fand ich mich 20 Minuten später auf der Tanzfläche wieder. Alles was ich noch weiß, ist, dass G. dabei mit ihren Lippen intensiv an meinem Hals klebte und ihr Knie dabei in meinem Schritt geparkt hatte. Dann setzte mein Erinnerungsvermögen aus.

Wach wurde ich durch lautes Hämmern von Fäusten gegen die Stubentür, begleitet von verärgerten Rufen. Doch als ich die Augen aufschlug, musste ich entsetzt feststellen, dass es sich bei der Stube gar nicht um meine handelte. Vielmehr lag ich wie eine geschlachtete Schildkröte nackt auf dem Rücken, alle Viere von mir gestreckt und die Decke weggestrampelt. Und neben mir, nun ja, da lag G. in ganz ähnlicher Position, nur eben auf dem Bauch.

Im gleichen Moment sah ich dann, wie die Türklinke jetzt hinuntergedrückt wurde. Ich weiß nicht wie, aber ich schaffte es gerade noch so aus dem Bett zu springen und mich hinter der Tür zu verstecken, als ich diese dann auch schon mit voller Wucht gegen die Stirn bekam.

"Verdammte Scheiße, Gefreite! Kann es sein, dass Sie gerade Ihre eigene Beförderung verpennt haben?" Natascha, einer unsere weiblichen Stabsunteroffiziere. Der Stimmlage nach war sie auf 180. Vorsichtig lugte ich auf meine Uhr. Kurz nach Sieben – ziemlich unangenehm.

"Oh happy day ..." Ich atmete tief durch. Denn schon hatte Natascha die Neue mitsamt der Uniformteile und ihren Stiefeln am Arm gepackt und schleifte sie in Richtung Dusche. Und ich, nun ich beschloß die Frauenunterkunft durch den Notausgang im Keller zu verlassen.

Später nach Dienst schrieb ich G. eine Nachricht. "Wir müssen reden." Nun, ich gebe zu, ich hatte ein ziemlich schlechtes Gewissen, vor allem da ich doch gegen eine meiner obersten Prinzipien verstoßen hatte.

Gegen 15:00 Uhr schlug sie dann an meiner Wohnadresse auf. Und entgegen meiner Befürchtung sah sie die Sache genauso sachlich wie ich.

"Ein Ausrutscher", sagte sie. "Nichts, wörüber man in der Kompanie reden müsste." Sie wollte auch selber nicht als Schlampe dastehen, was mir sehr gelegen kam und so schlossen wir ein sogenanntes Gentlemen Agreement – nur halt zwischen Mann und Frau. Danach hatten wir dann nochmal Sex – schließlich wollten wir beide wissen, wie das nun nüchtern ist.

Ein paar Tage später, in der darauffolgenden Woche, klopfte es an meiner Bürotür. Einer meiner Soldaten.

"Herr Oberfeldwebel?", fragte er schüchtern. "Kann ich Sie mal sprechen?"

"Natürlich." Ich nickte und zeigte dabei auf den freien Stuhl vor meinem Tisch. "Was gibt's denn?"

"Nun", der Soldat schloß leise die Tür hinter sich und nahm Platz. "Es ist mir ein bißchen unangenehm, aber Sie kennen doch die neue Obergefreite, richtig?"

Ich schluckte.

"Flüchtig, natürlich", antwortete ich dann, auf alles gefasst. "Was gibt's denn?"

"Na ja, wissen Sie", begann der Soldat nun umständlich herauszudrucksen, "ich bin doch verlobt. Und gestern, da waren wir mit ein paar Kameraden im Kino. Da war auch die Obergefreite mit. Und irgendwie war ich dann später noch mit ihr auf Stube und …"

"Ja?" Mich nach vorne lehnend sah ich ihn eindringlich an.

"Naja, da hat sie mir dann einen von der Palme gewedelt. Und ich bin total schnell gekommen!" Beschämt sah der Soldat zu Boden. "Das ist mir noch nie passiert! Und ich bin doch verlobt!"

"Okay …" Ich nickte. Was für eine Geschichte. "Und jetzt? Wie sind Sie miteinander verblieben?", hakte ich nach.

"Naja", der Soldat räusperte sich. "Sie sagte ich sei ja verlobt und sie wolle auch nicht als Schlampe dastehen. Es sei nun mal passiert und wir hätten nun eine Art Gentlemen-Agreement – nur halt zwischen Mann und Frau."

"Alles klar." Ich räusperte mich nun ebenfalls. Gott, war das schwer, jetzt nicht laut loszulachen. Irgendwie kam mir der letzte Teil ziemlich bekannt vor. "Na dann machen Sie sich mal keine Sorgen. Wird schon alles gut sein!", antwortete ich dann.

Der Soldat nickte erleichtert.

"Wenn Sie das sagen. Vielen Dank, Herr Oberfeldwebel!" Und sichtlich gelöst verließ er mein Dienstzimmer. Doch das sollte es nicht gewesen sein, denn am nächsten Tag klopfte es erneut an meiner Tür. Ein anderer Mann, eine ähnliche Geschichte.

"Was gibt es denn?", fragte ich ihn, nachdem er um Bitte nach einem persönlichen Gespräch bereits die Tür hinter sich geschlossen und Platz genommen hatte.

"Naja, ich weiß gar nicht wie ich anfangen soll, Herr Oberfeldwebel …" Nervös knetete er seine Hände. "Sie wissen ja, dass ich verheiratet bin, oder? Und Sie kennen doch auch die neue Obergefreite, ja?"

"Weiter …" Ich sah ihn an.

"Nun", der Soldat räusperte sich. "Gestern war ich im McDonald's. Und ich stand da so in der Schlange, als mir plötzlich jemand in den Po kniff. Und als ich mich umdrehte …"

"Die Obergfreite, richtig?"

"Genau." Der Soldat nickte beschämt. "Ich weiß nicht warum, aber irgendwie hatten wir danach Sex und ich bin doch verheiratet!"

"Verstehe." Ich holte tief Luft. "Wie sind Sie in der Sache miteinander verblieben?"

"Nun", der Soldat sah mich an. "Das mag jetzt für Sie vielleicht ein wenig komisch klingen, aber sie sagte sowas von: Es muss ja keiner wissen und wir haben jetzt so eine Art Gentlemen-Agreement – nur halt zwischen Mann und Frau."

Fast hätte ich laut prustend los gelacht.

"Naja, Sie sind verheiratet und sie will nicht als Schlampe dastehen", nickte ich dann aber zustimmend. "Klingt für mich plausibel!"

"Wirklich? Vielen Dank, Herr Oberfeldwebel!" Und wieder verließ ein erlöster Soldat mein Dienstzimmer. Die folgenden zwei Monate passierte mir ähnliches noch an die zehn Mal: auf Übungsplatz, in der Waffenkammer, auf Stube, bei den

Kfz-Hallen – G. machte definitiv Meter, wie man im Soldate-Jargon so schön sagt. Das Einzige, was mir jedes Mal schwer fiel, war den Soldaten, der mir sein Herz ausschüttete, nicht schon direkt beim ersten Satz an der Tür abzufertigen und so zu tun, als sei es für mich etwas völlig Neues, was er mir da anvertraute.

Dann kam der Tag X. G.s vorletzter Tag in der Kompanie und zugleich auch ein Tag vor meinem Geburtstag. Da es mal wieder ein Donnerstag war und bis auf die eingeteilte Schicht auch an diesem Freitag nicht wirklich etwas anstand, zog es diesmal fast die gesamte Kompanie runter in die Stadt. Und nachdem der Zugführer und meine Kollegen um Mitternacht alle kräftig mit mir angestoßen hatten, fand ich mich plötzlich alleine in der Rockbar wieder. Irgendwie waren alle von einer auf die nächste Sekunde in der Luftleere des Raums verpufft.

"Was zum Teufel?" Ich blickte auf die etwa zehn angetrunkenen Bier, die sie zurückgelassen hatten.

"Alle weg, was?", hörte ich dann in derselben Sekunde eine vertraute Stimme hinter mir.

Ich schluckte. Sie, und SIE war noch da.

"Ich, ich muss pissen!", antwortete ich hastig und schob mich an ihr vorbei in Richtung der Toiletten. Doch weit kam ich nicht. Schon fand ich mich, wie bereits damals drei Monate zuvor, auf der Tanzfläche wieder – ihre Lippen an meinem Hals und ihr Knie zwischen meinen Beinen. Anderer Ort, gleiche Nummer.

"Ich wollte mich noch bei Ihnen bedanken", säuselte sie. "Ich meine dafür, dass Sie es nicht rumerzählt haben, das zwischen uns."

"Natürlich nicht!" Ich schüttelte den Kopf. "Ist Ihnen etwas Ähnliches denn nochmal passiert in der Kompanie?"

"Natürlich nicht!" Sie schüttelte ebenfalls den Kopf. "Ich bin ja keine Schlampe!"

Nun das war geklärt. Acht Sturzbier später verließen wir den Laden. Ich für meinen Teil hatte fest den Taxistand im Visier. Sie wohl nicht so. Denn als wir das Koblenzer Schloß auf Höhe der Buschreihen zwischen Gehsteig und Schloßwiese passierten, stieß sie mich plötzlich nach links und ich landete auf dem Rücken.

"Was zum Teufel?" Ich sah sie an.

"Herr Oberfeldwebel, Sie haben doch Geburtstag!", hauchte sie, mir dabei den Gürtel aufmachend. "Gibt es vielleicht irgendetwas, was ich für Sie tun kann?"

"Ich, äh ..." Ich sah sie an. "Ach scheiß drauf, könnten Sie mir einen blasen?" Nun, wenn ich so im Nachhinein daran denke, muss ich sagen, das Legendärste daran war eigentlich das immer noch strikte Vorgesetztenverhältnis im Bezug auf Sie und Dienstgrad, was weiterhin zwischen uns herrschte. Und sie blies wie der Teufel. Solange bis es hell wurde und wir fast durch eine weitere Gruppe Altstadt-Heimkehrer aufgeklärt wurden.

Gegen 06:00 Uhr nahmen wir dann gemeinsam ein Taxi in Richtung Einheit. Und um nicht etwa mit blöden Fragen konfrontiert zu werden, lief sie als erste durch das Tor, während ich erstmals noch eine Weile an der Bushaltestelle vor der Kaserne zurückblieb, wo ich wie ein Obdachloser ein 20 Minuten-Nickerchen absolvierte. Mein Dienstzimmer erreichte ich dann um kurz vor Sieben und als ich mich umgezogen hatte lief ich dann die Treppen runter zum Dienstkommando um mich nun in die dort ausliegende Anwesenheitsliste einzuschreiben.

"Guten Morgen, Stefan", röhrte ich noch leicht heiser dem Feldjäger vom Dienst entgegen.

Der grinste nur. Er grinste zudem ungewöhnlich breit und sagen tat er nichts. Kein einziges Wort. Nur breites Grinsen.

"Was ist denn?" Irritiert sah ich ihn an.

"Oh, das war ich!", rief im gleichen Moment Busza, der kaum dass er ebenfalls das Dienstkommando betreten hatte, die Situation erkannte.

"Was warst du?" Ich starrte ihn an. "Kann mich mal irgendjemand aufklären hier?"

"Naja, Per." Busza grinste. "Du solltest vielleicht mal in einen Spiegel schauen!"

"Spiegel, klar." Ich nickte. Ich musste eh mal auf's Klo. Und als ich da so stand, vor der Keramik, merkte ich, dass ich unglaublich viele Glitzerflocken an Stellen mit mir herumtrug, an denen eigentlich kein Glitzer sein sollte.

"Oh man …" Seufzend trat ich rüber ans Waschbecken. "Shit." Ich hielt inne. Noch mehr Glitzer. Mein ganzer Kopf war voll davon! Und nicht nur das! Zudem prangte ein Knutschfleck-Hämathom in Größe einer Frisbeescheibe auf meiner linken Halsseite. Das also hatte Busza gemeint. Er hatte mich vor Stefan in Schutz nehmen wollen! Obwohl, ich würgte, besser hatte es seine Aussage ja auch nicht gerade gemacht. Langsam schlenderte ich den Flur runter, zurück ins Dienstkommando. Stefan grinste immer noch. Diesmal aber weil G. jetzt vor ihm stand.

"Per!", rief er mir zu. "Stell dich doch bitte mal daneben!"

"Wenn es sein muss …" Ich nickte zerknirscht. Okay, das war jetzt eindeutig. Nicht nur, dass wir beide glitzerten wie Holiday on Ice, wir rochen auch noch beide nach Sex, wenn man das so sagen kann. Zudem war ihr linker Arm komplett zerkratzt und bei mir der Rechte, plus dass mein Uhrenglas gerissen war. Verdammte Dornenbüsche. Nein, leugnen half definitiv nicht. Aber andererseits war es auch ein genialer

Abend gewesen. G. habe ich leider nie mehr wieder gesehen, aber ich erinnere mich noch gut an die letzten Worte, die ihr der Spieß an diesem Tag mit auf den Weg gab:

"Obergfreite, Sie hat der Teufel geschickt!", sagte er O-Ton. Nun, der kleine Teufel müsste mittlerweile mindestens Hauptmann sein ...

Lützow Kaserne, Schwanewede, 4./ PzGrenBtl 323, 2. Zug 2. Gruppe

"No good decision was ever made from a swivel chair."
(General George S. Patton)

"Keine gute Entscheidung wurde jemals von einem Drehstuhl aus getroffen." (General George S. Patton)

Stabsgefreiter Michael Pinto, United States Army
Militärpolizei von 2005 – 2010, 1 Einsatz nach
Guantanamo Bay, Kuba von 2006 – 2007.

36 - Mein Freund, die Schwimmhose ...

Wer selbst einmal bei der Bundeswehr war und für die durch die Führung aufgeplanten Schwimmtage keine gute Ausrede parat hatte, der wird wissen, dass wir Soldaten im Wasser meist knappere Höschen tragen, als so manche Ehefrau oder Freundin daheim im Bett. Keine Ahnung wer genau diesen kleinen blau-leuchtenden Fetzen Stoff in den 50ern armeefähig gemacht hat, aber seit diesem traurigen Tag in der Vergangenheit zählt er in nahezu unverändertem Design und gemeinsam mit den blauen Flip-Flops und dem kleinen blauen Handtuch, dass sowieso nur das Allernötigste verdeckt, wenn man es um die Hüfte schlug, zur Dienstbekleidung Feucht.

Ich selbst erhielt meine Schwimmhose am 03.11.1998 gegen 10:00 Uhr und ich tippe nun mal auf pure Schadenfreude von Seiten des Standortverwaltungspersonals, dass mir mein blauer Slip in der Größe S ausgegeben wurde, obwohl man eigentlich schon deutlich an meinen Beckenknochen hätte sehen müssen, dass ich mindestens M brauchte. Aber soviel zur Flexibilität der Mitarbeiter. Alle hatten gelacht und ich behielt trotzdem S. Aber ich war ja nicht der Einzige der sozsagen verarscht wurde. Schon mal Modenschau gespielt? Bei diesem Spiel sagt der Ausbilder vor dem Zug eine Unifrom an und die Soldaten haben dann maximal drei Minuten Zeit, um in dieser wieder auf dem Flur anzutreten. Nun, an diesem Abend, als unsere Ausbilder das mit uns zum allerersten Mal spielten, war jede zweite Uniform die dreiteilige Dienstbekleidung Feucht. Sehr witzig.

Aber auch wenn wir nicht die besten Freunde waren — über die nächsten Jahre hinweg versuchten meine Schwimmhose und ich, so gut es ging miteinander auszukommen. Immerhin konnte sie mir beim Sprung vom Beckenrand schon mal nicht vom Hintern rutschen. Dafür war sie einfach zu eng. 2001 hatte ich dann endlich die Gelegenheit, sie auf dem Feldwebellehrgang in eine Größe M einzutauschen. Leider war mir nicht klar, dass ich mittlerweile wohl eher eine L brauchte. Naja, bis zum nächsten Schwimmen eben. Aber dennoch war die aktuelle Gesamtsituation weitaus bequemer als zuvor.

Während der Elbeflut 2002 dann, wir waren am Rande eines Neubaugebietes, in den Trümmern eines alten Kasernengebäudes untergebracht, hatte meine neue Badehose endlich ihren ersten großen Einsatz vor Publikum. Nämlich in dem glanzvollen Moment, als ich von meinem Zugführer den Auftrag bekam, den gesamten Zug bereits duschbereit zu den am Ende der Straße aufgebauten Nass-Containern zu führen. Bereits duschbereit deshalb, weil aufgrund der knappen Versorgungslage leider für jeden bloß Wasser für 90 Sekunden bereit stand. Und das hatte was, vor allem in Marschordnung. Ein Panzergrenadierzug von 26 Mann im sauberen Gleichschritt, bloß bekleidet mit Flip-Flops, einer kleinen blauen Badehose, dazu jeder brav sein Handtuch über dem linken Arm tragend, und das Duschbad in der Rechten, quer durch die Wohnsiedlung. Ganz großes Kino eben.

Zum Jahreswechsel 2003/2004 ereilte meine Badehose und mich dann ein neuer Auftrag, diesmal unten in Sonthofen, Bayern, nahe der österreichischen Grenze. Hier galt es vor allem die Schwimmfähigkeit junger Feldwebelanwärter zu überprüfen und als ich das erste Mal mit ihnen, einem Hörsaal von etwa 20 Männern und Frauen, in der Schwimmhalle stand, trug sich Folgendes zu: Der Bademeister und Hallenwart, augenscheinlich ein Zivilist, schaffte es irgendwie nicht, mich als Führer der Veranstaltung herauszukristalisieren. Gut, ich stand als Einziger vor der Front mit einem Klemmbrett und alle anderen brav aufgereiht in Linie zu einem Glied vor mir, aber dennoch. Er wird es einfach nicht gekannt haben. Also rief er quer, und äußerst unmilitärisch, über das Becken:

"Hey, wer von Euch hat denn die Leitung?"

Das war der Punkt, an dem ich meine Oma hinzuzog. Und als ich einen Donnerstag später dann erneut mit einem Hörsaal in der Sonthofener Schwimmhalle stand, prangte frisch vernäht ein akkurat mittig aufgebrachtes Oberfeldwebel-Dienstgrad-Abzeichen auf meiner Badehose.

"Falls Sie den Leitenden suchen!", rief ich lautstark, kaum dass ich am anderen Ende der Halle den Schwimmmeister sah, und drehte mich dabei repräsentativ in seine Richtung. "Der steht hier!"

Lautes Gelächter bei meinem Hörsaal und pure Fassungslosigkeit und Kopfschütteln von Seiten des Schwimmmeisters waren die Antwort. Ein voller Erfolg also und das Upgrade auf die Schwimmhose 2.0 war geboren.

Anfang 2005 führte mich der Weg von Sonthofen dann wieder zurück nach Koblenz und kurze Zeit später begann dann auch meine Zusammenarbeit mit verschiedenen Kräften der US-Militärpolizei aus den Bereichen Baumholder und Mannheim. Und wenn diese anfangs auch bloß an der heißbegehrten Deutschen Schützenschnur interessiert waren, so weitete sich das ganze doch spätestens 2006 zu Quartalsweisen Abnahmen des gesamten Deutschen Bw-Leistungsabzeichens aus. Und für diejenigen, die es nicht kennen, "The Golden Eagle", so wie das Leistungsabzeichen der Bundeswehr auf Grund seines äußeren Erscheinungsbildes von den Amerikanern auch genannt wird, besteht sowohl aus zwei Schießübungen, damals zudem noch aus einem Leistungsmarsch über 30 Kilometern, wie auch der Abnahme des kompletten deutschen Sportabzeichens. Und zu Letzterem gehört nun einmal die Überprüfung der Schwimmfähigkeit, was dann erneut meine Badehose auf den Plan rief.

Als ich meine Version 2.0 der Bundeswehr-Schwimmhose damals das erste Mal meinem Hauptfeldwebel und Mitprüfer Marco präsentierte, erlitt der fast einen Herzinfarkt. Aber es verging keine volle Minute, bis auch er und unser Hauptgefreiter Voland ebenfalls so eine wollten. Nun, Wunsch ist nun mal Wunsch und meine Oma musste erneut ran.

Zwei Tage später war es dann soweit. Die Amerikaner erreichten Koblenz im frühen Morgengrauen und da wir keine halben Sachen machen wollten, hatten Marco und ich ein straffes Programm geplant. Das Sportabzeichen mit allen fünf Grupendisziplinen am Morgen, der Leistungsmarsch über 30 Kilometer am frühen Nachmittag bis hin zum Abend, danach geselliges Beisammensein und am nächsten Morgen Schießbahn. Die Schwimmabnahme war eindeutig das schwierigste, da die Schwimmfähigkeit in der US-Army, anders als bei uns, kein Muss darstellt, und gerade die Jungs aus den Großstädten oder aus der Mitte des Landes sich nur schwer über Wasser halten konnten – wenn überhaupt. Und wer die US-Army kennt, der weiß ebenfalls wie streng normalerweise ihre Uniform Regularien sind. Zumindest dachte ich das bis dato, denn was die Schwimmkleidung angeht, scheint die Army da einfach mal ein Kapitel ausgelassen zu haben. Soll heißen, als wir die Umkleidekabine verließen, standen die US-Jungs in allen möglichen Anzügen da. Von der knielangen Shorts über dreiviertel lange Caprihosen bis hin zu maximal verdeckenden Badeanzügen bei den Frauen. Dementsprechend ernüchternd war auch ihre Reaktion, als sie uns dann erblickten.

"What the fuck[29]?", war alles was ihr weiblicher Oberleutnant noch hervorbrachte.

Und das war, als sie uns noch in unseren Laufhosen sahen. Die Speedos trugen wir drunter!

Nun, ich denke Amerika war 2005 einfach noch nicht bereit für soviel Deutschland oder Europa. Aber wir haben es immer und immer wieder versucht bei anderen Events. Doch die Reaktion war stets die gleiche. So einzigartig eben, dass meine Oma irgendwann noch mal ran musste und ich meinem Freund Captain Bill White und seinem Spieß ebenfalls je eine Schwimmhose mit ihren Dienstgradabzeichen schenkte. Ob Bill sie in seiner heutigen Verwendung in Florida jedoch trägt, ist fraglich. Maximal vielleicht auf Familienurlaub in Key West.

Mittlerweile ist es 2014 und meine Badehose habe ich immer noch. Niemals hätte ich sie bei meiner Auskleidung Ende 2011 freiwillig abgegeben. Und auch wenn ich sie nicht mehr trage, so wird sie doch immer einen ganz besonderen Platz in meinem Herzen haben. Und ganz sicher auch in den Erinnerungen einiger meiner amerikanischen Freunde!

---

[29] "Was zum Teufel?"

13 YEARS OF SERVICE

PER MATTHIAS GRIEBLER

"I appeal to you as a soldier to spare me the humiliation of seeing my regiment march to meet the enemy and I not share its dangers."
(George Armstrong Custer)

"Als Soldat bitte ich darum, mir die Erniedrigung zu ersparen, mein Regiment zur Feindbegegnung ziehen zu lassen und die Gefahren nicht mit ihm teilen zu dürfen."
(George Armstrong Custer)

Feldwebel James Greene, United States Army Militärpolizei, 2 Auslandseinsätze in den Irak (OIF) Bagdad von Oktober 2007 – Dezember 2008 und Afghanistan (OEF) Nangarhar Provinz von Januar 2012 – Januar 2013, aktuell 9 ½ Dienstjahre und fortlaufend.

Zum Schluss noch meine ganz persönlichen Lieblingszitate und -momente der vergangenen 13 Jahre:

"Männer! Stellt euch tot! Die Sannis kommen!"
Ein mir unbekannter Stabsfeldwebel während eines Übungsplatzaufenthaltes 2005. Derselbe, der auch sagte:
"Lieber dem Feind in die Hände fallen, als in die Hände eines deutschen Sanitäters!" Zugegeben fragwürdig, aber auch durchaus amüsant.

"Verdammte Schwuchteln ..." Ein mir unbekannter Oberstleutnant am Tag der Kranzniederlegeung auf der Festung Ehrenbreitstein, gleich nachdem mein Oberleutnant, mir im Spaße einen Luftkuss zuwerfend und mit der Frage ob den alle Feldjäger Feldwebel so gut aussähen, an mir vorbeimarschierte, und ich antwortete: "Wenn, dann kann das nur an unseren gut aussehenden Offizieren liegen."

"Was zur Hölle geht hier vor?" Mein Oberleutnant und Einsatzoffizier, kurz nachdem er das Dienstkommando betreten hat, wo sein Zugschreiber-Soldat gerade auf meinem Schoß saß und sich von mir die Frühstückseinkaufsliste diktieren ließ. Ich: "Es ist jetzt nicht das, wonach es aussieht, Herr Oberleutnant!"
Mein Einsatzoffizier: "Das meine ich nicht, Oberfeldwebel! Aber der Obergfreite Dörner ist mein Soldat und ich werde hier irgendwie nie gefragt, ob ich was vom Penny zum Frühstück will!"

"Milch, Kakao, Kaffee oder Tee zum Frühstück, Herr Oberfeldwebel?"

Thomas, mein Hauptgefreiter, am nächsten Morgen in der Küche seiner Eltern – nachdem ich mit seiner Schwester geschlafen hatte.

"Sie haben drei Stabsoffiziere in ziviler Unterwäsche angetroffen?"

"In Boxershorts, Herr Major, Jawoll."

"Sie sind sonderbar, Oberfeldwebel ..."

Mein Kompaniechef und ich, beim gemeinsamen durchgehen der Patroulienbücher und der statistikrelevanten Ereignisse der vergangenen Nacht.

"Verdammt, das war witzig, oder?"

"Aber, aber ich bin doch noch so klein!"

Ich und meine Streifenbegleiterin Nadine, nachdem sie zum ersten Mal ihre Schusswaffe ziehen musste, weil irgend so ein Vollhorst dachte, uns mit einem Küchenbeil angreifen zu müssen.

"Was zum Teufel?! Ich bin nirgends gewesen! Außer mit dir, da war ich überall!"

Fabian, mein Freund und Kompaniechef, nachdem er nach einer harten, durchzechten Nacht realisierte, dass ich ihn lückenlos über Facebook an jedem Ort eingeloggt hatte, an dem wir auch waren.

13 YEARS OF SERVICE

PER MATTHIAS GRIEBLER

"Oh, Herr Hauptfeldwebel, Sie haben zwei Schwänze?"

"Aber natürlich, Sie kennen ja bereits den Oberfeldwebel Griebler, meinen ständigen Stellvertreter?!"

Marco, mein Dienstzimmer-Kamerad, mit zwei in der Tonlage wechselnden Stimmen zu sich selbst sprechend, kurz nachdem er einem kleinen, blonden, weiblichen Unteroffizier den Job des Waffenkammer-Wartes übertragen hatte.

"Kompanie Halt! Sie da, Soldat! Waffe sichern!"

Mein alter Infanterie-Kompaniechef kurz nachdem ihm in etwa zwei Zentimetern Abstand von links kommend, eine Kugel an der Nase vorbeigeflogen war.

Der schuldige Soldat, der sich wohl beim Stolpern am Abzug seines G3 festgehalten hatte, zitternd:

"Oh Gott, Entschuldigung, Herr Hauptmann!"

Und mein Chef ohne eine Miene zu verziehen:

"Kompanie! Vorwärts Marsch!"

Ich, beim Betreten des Kaffee-Raums zu den Anwesenden:

"Wer kann dem Onkel denn hier mal 'ne schöne Morgenlatte machen?"

Soldat, mir unter den entsetzten Blicken von anderen einen Latte Macchiato einschenkend:

"Hier, Herr Oberfeldwebel! Möchten Sie Zucker?"

Ich, kurz abwinkend:

"Ach was, stecken Sie einfach mal kurz den Finger rein, dann ist er glaub ich süß genug."

Der Soldat reichte mir den Kaffee und tat exakt das.

Ich, einen Schluck nehmend:

"Reizend, Schätzchen. Danke."

Kompaniechef in seinem Büro: "Oberfeldwebel!"
Ich in meinem Büro: "Hier, Herr Major!"
Kompaniechef: "Zu mir!"
Ich: "Welche Gangart, Herr Major?"
Kompaniechef: "Die tiefste!"
Und während ich dann aus meinem Büro rausglitt und die
Wegstrecke von etwa 25 Metern, nach links über den Gang,
bis zum Büro des Chefs zurücklegte, begegneten mir auch ein
paar Soldaten, welche sogleich Haltung annahmen und nach
unten weg, zu ihren Füßen hin grüßten.

Weiblicher Stabsunteroffizier: "Sie müssen wissen, ich un-
terteile Männer in genau vier Kategorien: Scholz (der Name
eines anderen männlichen Stabsunteroffiziers), schön, hübsch
und geil! Hihihihi ..." (sich fast dabei am bepieseln)
Soldat: "Und in welcher Kategorie wäre ich dann, Frau
Stabsunteroffizier?"
Weiblicher Stabsunteroffizier: "Sie, Hauptgefreiter? Sie sind
hübsch geil! Hihihihi!"

"Entschuldigung, was genau tun Sie hier?"
Frank, mein Streifenbegleiter, nachdem er durch das offene
Fenster eines Pkw ein junges Pärchen dabei beobachtet hatte,
wie sie ihm einen Blow-Job verpasste. Natürlich fand das gan-
ze in der Mitte des Truppenübungsplatzes statt.
Ich: "Entschuldigt, aber er ist verheiratet. Und jetzt beantwor-
tet die Frage!"

13 YEARS OF SERVICE

PER MATTHIAS GRIEBLER

"Ups, 'schuldigung!" Einer meiner Rekruten, nur wenige Sekunden nachdem er mir, mit einer 7,62mm Kurzdistanz-Patrone, auf der Waldkampfbahn in den Rücken schoss, weil er mich mit einer der Klappfallscheiben verwechselt hatte.

Ich: "Wenn Sie draußen im Gelände sind und die Nordrichtung ermitteln wollen, was können Sie tun?"
Soldat 1: "Irgendetwas mit der Sonne und der Tageszeit, Herr Oberfeldwebel?"
Soldat 2: "Der Moosbewuchs am Stamm eines Baumes?"
Ich: "Sehr gut, Männer! Oder Sie nehmen ein schwangeres Eichhörnchen, drehen es sieben Mal um die eigene Achse und werfen es dann über Ihre linke Schulter. Die Richtung, in die es davon rennt, ist Norden!"
Soldat 1: "Wie kann ich erkennen, ob es schwanger ist?"

Irgendwo auf dem Balkan im Winter 2004.
Ich: "Ist diese Straße frei von Minen?"
Ansässiger Bauer: "Yes yes yes yes yes!"
Zwei Minuten später, nachdem wir fast auf die erste Mine aufgefahren wären:
Ich: "Sagten Sie nicht, die Strecke wäre frei von Minen?!"
Ansässiger Bauer: "Yes yes yes yes yes!"
Ich (seufzend): "Sie verstehen kein einziges Wort, von dem, was ich sage, richtig?"
Ansässiger Bauer: "Yes yes yes yes yes!"

"Männer, ich bin ein Schwein! Aber das größere Schwein steht dort!"

Mein Stabsfeldwebel und Freund Volker, mit dem Finger auf mich zeigend, kurz nachdem ich die halbe Üb-Gruppe mit einer Trainings-USBV, vor den Augen des Kompaniechefs ins jenseits befördert hatte.

Einer dieser typischen Tage auf dem alten Feldjägerdienstkommando.

<u>Epilog</u>

An dieser Stelle möchte ich gern noch all denjenigen danken, die mir geholfen haben, dieses Buch zu verwirklichen. Meinem Freund AJ, der sich immer und immer wieder neben seinem Dienst die Zeit genommen hat, sich, zumindest in der US-Ausgabe, die Geschichten durchzulesen und in verständlicheres Englisch umzusetzen. Stefanie, du hattest all den Ärger, vor allem was die Deutsche Ausgabe angeht, und ich weiß gar nicht, wie ich dir genug danken soll! Jasmin, Melinda, Lindsay, Kathrin, Adrian, Darrin, Dustin, Scott, Casey, Jimmy-John, Stephen, Mike: Euch allen und denen, die ich hier vergessen habe, gebührt mein Dank! Ebenso all denen, die mir ihre kleinen Zitate haben zukommen lassen. Ohne diese wäre das Buch nicht ansatzweise halb so gut geworden.

Und für all die, die es nun gelesen haben und sich immer noch verwundert an die Nase fassen, denen kann ich nur eines sagen. Noch einmal: All diese Geschichten sind wirklich so passiert. Und da sind noch Unzählige mehr, die ich erzählen könnte. Wer genau aufgepasst hat, der wird sowieso gemerkt haben, dass die deutsche Ausgabe vier Geschichten weniger beinhaltet als die englische. Aber ein Teil Zwei wird kommen. So, oder so. Und vermutlich ebenso auch noch ein paar Folgeprojekte gemeinsam mit meinem Freund AJ. Man darf also gespannt sein.

Alles was ich abschließend sagen kann, ist, dass ich wirklich großes Glück habe, Freunde, Kameraden und Leser wie Euch zu haben. Vielen Dank und möge Gott Euch alle schützen.

Euer Freund, Per

Made in the USA
Monee, IL
07 July 2026

56550361R00121